Theo von Taane

# Tennis Witze
# Knallbonbons

**Humor & Spaß : Neue Tenniswitze, lustige Bilder und Texte zum Lachen mit Knalleffekt!**

Bibliografische Information der Deutschen Nationalbibliothek:
Die Deutsche Nationalbibliothek verzeichnet diese Publikation in der Deutschen
Nationalbibliografie; detaillierte bibliografische Daten sind im Internet über
http://dnb.dnb.de abrufbar.

© 2014 Theo von Taane; 4. Auflage

Texte und Illustrationen: **Theo von Taane**

Herstellung und Verlag: BoD – Books on Demand, Norderstedt

ISBN: **9783735794765**

# Tennis Witze
# Knallbonbons

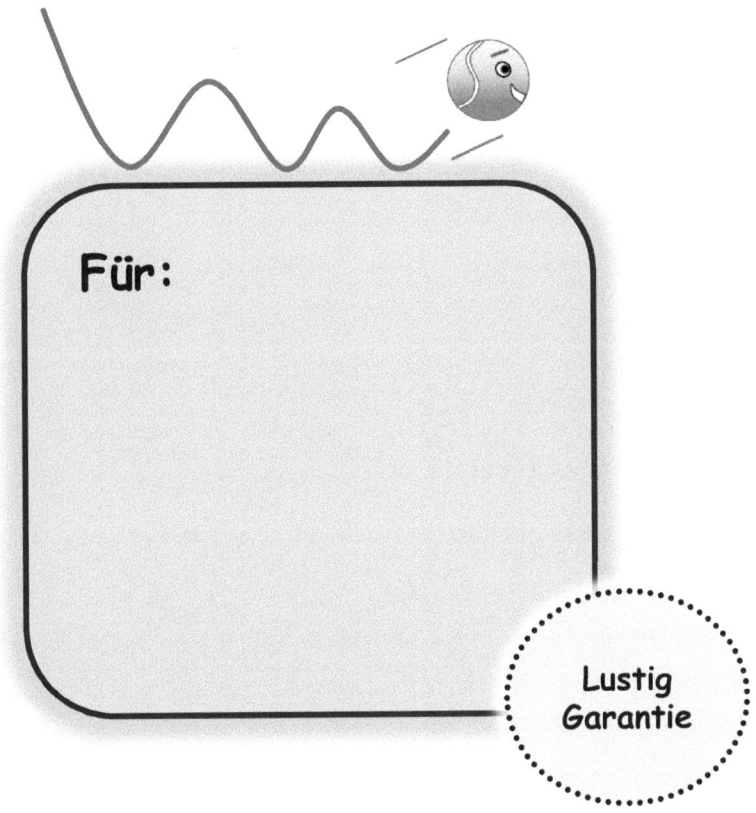

Für:

Lustig
Garantie

# Inhaltsverzeichnis Seite

1.  Auf dem Platz.................................... 5

2.  Bilderrätsel..................................... 31

3.  Im Clubhaus..................................... 39

4.  Fitness und Techniktipps......................... 45

5.  Gesundheit, Pflege & Mode....................... 48

6.  Worträtsel...................................... 54

7.  Schiedsrichter................................... 58

8.  Trainer & Training............................... 61

9.  Im Stadion...................................... 72

10. Verrückte Berufe................................ 75

11. Clubtätigkeiten (und wie sie nicht vergeben werden sollten)   78

12. Tennis in 100 Jahren............................ 80

13. Gesucht wird................................... 82

14. Miniquiz....................................... 85

15. Zehn Anzeichen, dass sie verrückt nach Tennis sind   88

16. Das wirklich Allerletzte......................... 89

# 1. Auf dem Platz

### Alt Herrentennis

Zwei alte Herren unterhalten sich nach ihrem Doppelmatch. Sagt der eine:

„Hast du meinen Aufschlag gesehen, das war ein Ass wie in jungen Jahren."
Darauf der andere: „Na ja, aber den Herzkaspar hatte dein Gegner schon
bekommen noch bevor du ausgeholt hattest."

### Helikopter

„Also Herr Schmidt, wie oft muss ich Ihnen noch sagen, dass nur die mit einem
Kreis umschlossenen Hs Landeplätze für Helikopter darstellen. Tennisplätze
mit ihren typischen Linienmarkierungen gehören definitiv nicht dazu. Bitte
starten sie den Helikopter wieder, ich mag es auch nicht, wenn wütende
Tennisspieler Bälle an unser Cockpit schlagen."

### Tennissand

Während des Doppelmatches der eine Spieler zu seinem Partner: „Hallo Peter
du hast ja ganz schön deinen weißen Tennisdress eingesaut. Lass mich raten:
Unter Berücksichtigung der Tatsache dass wir hoffnungslos zurückliegen und
bei dem Grad deines Engagements heute kann es sich entweder nur um
Tennissand vom Ausruhen auf dem Boden handeln oder schlicht und einfach
um Flugrost."

# Taschenlampe

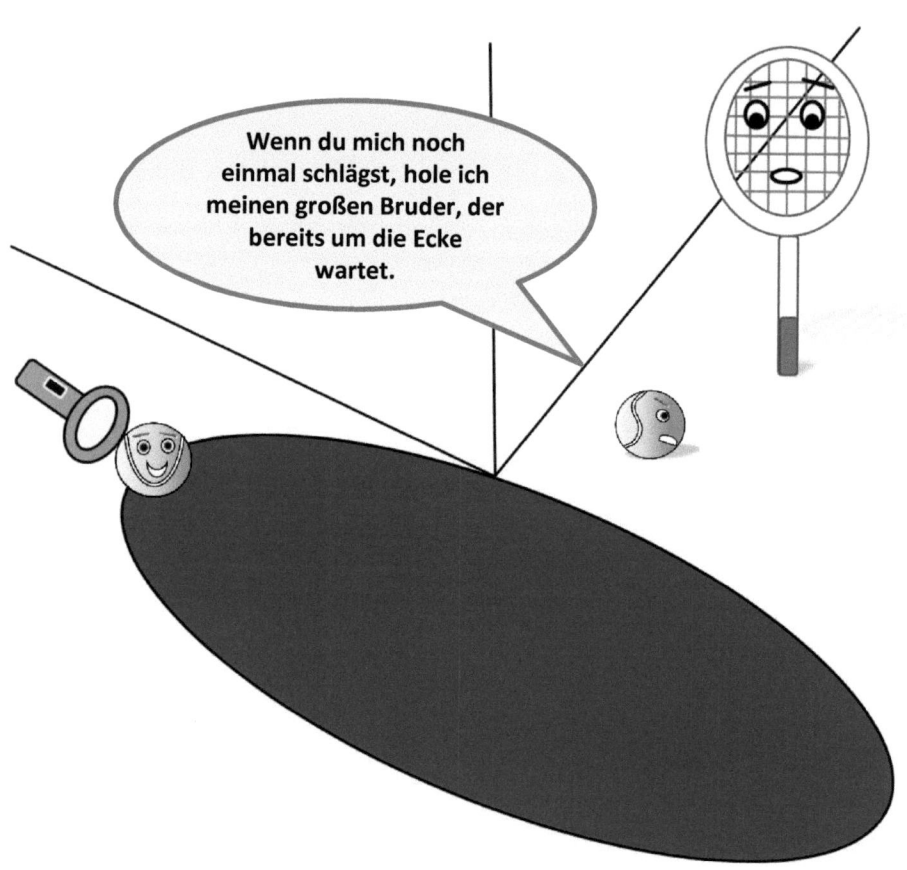

Wenn du mich noch einmal schlägst, hole ich meinen großen Bruder, der bereits um die Ecke wartet.

## Duo infernale

Während des Doppel-Matches spricht der Coach zu seinen Spielern: „Also ihr müßt euch nun langsam mal entscheiden, welchen Karriereweg ihr einschlagen wollt. Entweder das weltbeste Slapstick-Duo werden oder die Gewinner dieses Verbandsmatches. Beides gleichzeitig geht nicht."

**No Name**

**Pauline**

„Schau mal auf Platz 3, da spielt wieder Pauline. Wie elegant sie sich bewegt und dazu das schöne wallend lange Haar." Darauf der andere:

Ich glaube du brauchst eine neue Brille. Auf Platz 3 läuft gerade Frank hin und her und ich weiß gar nicht wie oft ich dem Bengel schon gesagt habe er soll sich endlich die Haare kürzen lassen."

**Auf den Hund gekommen!**

„Hallo Herr Meyer, dass sie ihren Hund mit zum Match nehmen ist grundsätzlich in Ordnung, aber dass er bei jedem Seitenwechsel das Revier neu markiert geht nun wirklich zu weit."

## Zukunftspläne

## Heimweh
„Lieber Herr Platzwart, auch wenn unser Verein sparen muß und wir die Plätze nicht mehr so oft sprengen dürfen, sollten wir hierbei nicht übertreiben. Ich halte es schon für ein bedenkliches Zeichen, dass das gerade aus dem Zirkus ausgebrochene Kamel zielstrebig auf unsere staubigen Sandplätze zugelaufen ist."

## Matchverlust
„Hallo Herr Meyer, sagen sie mal weshalb kniet denn Herr Schmidt auf dem Tennisplatz und schaut permanent auf den Boden?" Meyer:
„Er sucht das Körnchen Glück, dass ihm fehlte um das Match zu gewinnen."

**Erfrischung**

„Ich muß schon sagen, sehr erfrischend wie ihr Schützling Tennis spielt. Nein, nicht was sie jetzt denken, sondern er sorgt als Luftnummer durch seine unkoordinierten Bewegungen immer wieder für frische Verwirbelungen mit kühlendem Luftstrom."

**Autopilot**

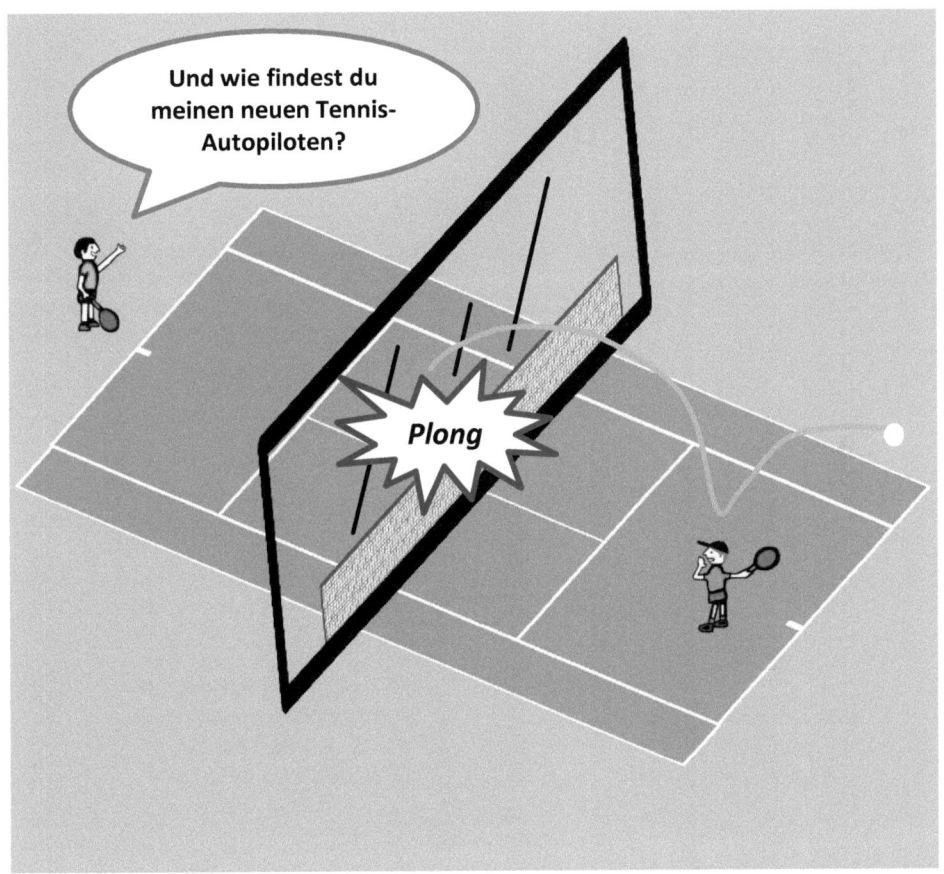

## Schnelligkeit

„Mensch ihr Sohn hat ja eine tierische Geschwindigkeit beim Sprinten zu den Stoppbällen drauf, vergleichbar mit....wie heißt noch einmal das Tier mit dem Panzer auf dem Rücken?"

## Tennisdose

## Tennisväter

Zwei Tennisväter beobachten das Spiel ihrer Söhne in der U10, sagt der eine:

„Also wenn man ihren Sohn auf Sand spielen sieht, merkt man schon dass er in seinem Element ist."

„Wie meinen sie das?"

„Na, das mit dem Sand und dem Schlafen kennt er ja schon recht gut vom Sandmännchen her."

## Aufschlag

„Wow, das war wirklich ein bombastischer Aufschlag. So etwas habe ich noch nie gesehen. Dieses Abheben wie in Zeitlupe und dann diese abrupte harte Landung mit nahezu ganzer Körperfläche auf dem Boden.

Ich sag es ja immer, besser man macht einen Doppelknoten in seine Schnürsenkel."

## Mobilfunk

„Hallo Herr Meyer wissen sie warum uns Herr Schmidt zuruft, wir sollen unsere handys und smartphones ausschalten?" Meyer:

„Na offenbar möchte er seinen aktuellen Höhenflug nicht gefährden und durch das Mobilfunkverbot seinen typischen Absturz im dritten Satz vermeiden."

**Reizbar**

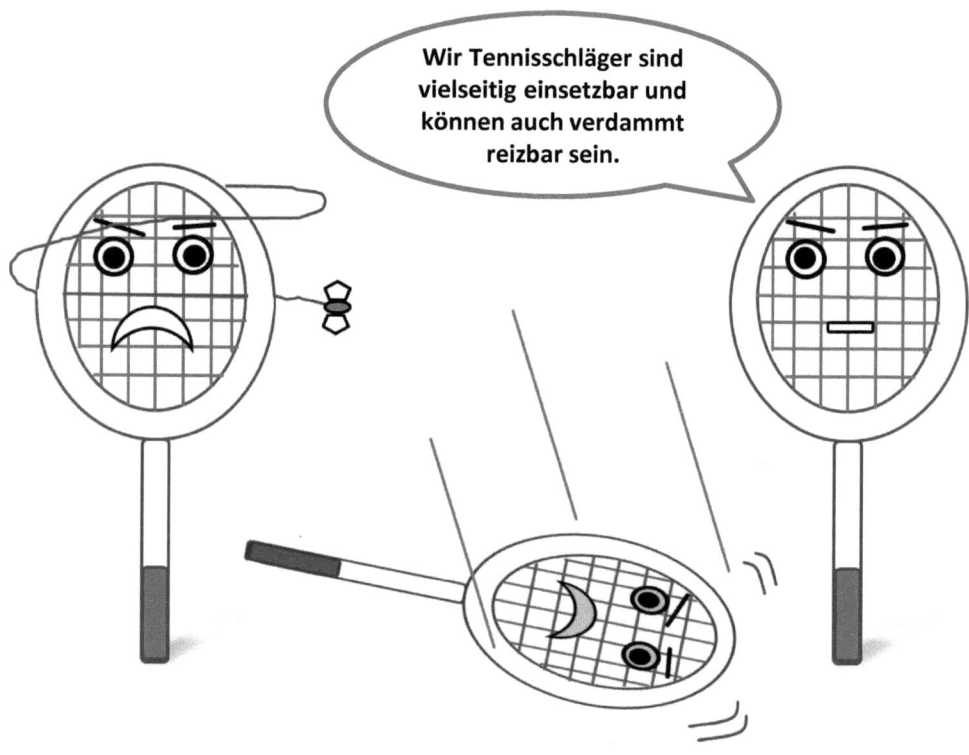

**Saisonvorbereitung**
Clubmitglied zum Platzwart:
„Das hatten wir ja noch nie. So viele Clubmitglieder, die freiwillig helfen den Platz zur Saisonvorbereitung umzugraben. Toll diese Moral." Platzwart:
„Ja unglaublich wie die Nachricht um eine gefundene historische Goldmünze auf dem Platz die Moral verändern kann, selbst wenn es sich um meine eigene handelt, die ich verloren hatte, aber das will ja keiner hören."

**Verfolgung**

**Psychologie**

Trainer zu seinem Team nach dem Verbandsspiel auf dem Gelände des anderen Vereins:

„Um euren Gegner schlagen zu können solltet ihr ihn auch psychologisch gut einschätzen können. Wenn ihr z.B. merkt, dass er wütend ist und jeden Ball mit großer Wucht schlagen möchte, dann spielt mehr Stoppbälle, die haut er dann garantiert ins Aus. Hier zum Beispiel, nehmen wir diesen Spieler dort auf Platz 1, wie würdet ihr seine psychologische Verfassung einschätzen?" Darauf eines der Teammitglieder:

„Stark übernächtigt, Trinkerseele, humpelt leicht durch Knieverletzung, hat also Null Kondition und Beweglichkeit. Bei diesem Spieler reicht es, die Bälle einfach rechts und links zu verteilen." Trainer:

„Das ist ja toll analysiert, woraus entnehmen sie denn die ganzen Details?" Teammitglied: „Na ich werde ja wohl meinen eigenen Onkel kennen."

**Vogel**

**Indianer**
„Sag mal Peter, wer ist denn dieser komisch gekleidete Kauz da drüben der aussieht wie ein Indianer?" Peter:
„Ach den, den hat unser Vorstand speziell für die Verbandsspiele eingekauft."
„Kann der denn so gut Tennis spielen?"

„Das nicht, aber sofern wir bei entscheidenden Spielen zu verlieren drohen, beginnt er mit seinem Regentanz."

**Ballmaschine**

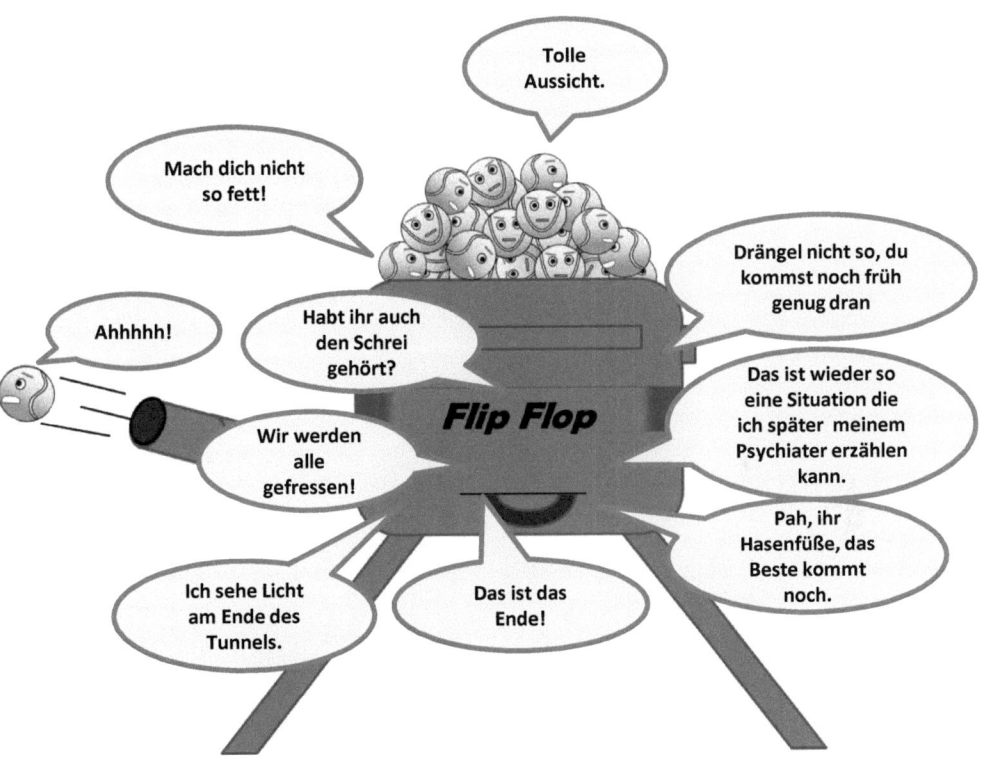

**Geduld**

Zwei Clubmitglieder schauen sich ein Tennismatch an, sagt der eine:

„Warum sitzt denn Rüdiger immer noch auf der Bank statt weiterzuspielen?"
Darauf der andere:

„Na weil ihm der Trainer gesagt hat er soll auf den richtigen Augenblick zum Angriff warten."


**Andacht**

„Sag mal warum steht denn unsere 1.Mannschaft schweigend vor Platz 1 mit gefalteten Händen, gesenkten Kopf und abgenommenen Mützen?"

„Na weil sie dort im letzten Verbandsspiel das entscheidende Doppel leichtfertig versenkt haben und ihm nun die letzte Ehre erweisen."

„Und warum stehen dann alle fünf Mannschaftsspieler da und nicht nur die beiden die das Doppel versaut haben?"

„Die drei anderen stellen den Vollzug sicher.


**Mitgewaschen**

## Versprechen

„Sag mal, wieso trägt Peter beim Spielen jetzt seine Sachen falsch herum, also das, was normalerweise innen ist, nach außen?"

„Na beim letzten Verbandsspiel hat er so schlecht gespielt, dass er davon sprach seine ganze Spielweise umzukrempeln."

„Ja schon, aber dass er sogar auch seine Unterhose umgedreht nach außen trägt finde ich jetzt schon ein wenig geschmacklos."

## Platzwart

„Sag mal, wo haben wir denn bloß diesen neuen Platzwart her?"

„Das ist wohl ein Top Platzwart aus England, eingestellt über eine persönliche Empfehlung unseres Partnervereins aus Wimbledon."

„Das mag ja sein, aber vielleicht sollte man ihm mal sagen, dass er aufhören soll unsere Sandplätze so extrem zu wässern."

„Aber das ist doch gut bei der Trockenheit."

„Ja, aber nicht wenn man dann noch anfängt Rasensamen zu streuen, Platz 1 hat schon einen schwachen Grünschimmer."

## Verabredung

Anton und Peter spielen Tennis, da klingelt das handy von Anton. Anton nimmt ab und nach einer Weile sagt er zu Peter:

„Meine Frau hat gerade angerufen und mir gesagt, dass sie heute abend erst sehr spät nach Hause kommen wird." Peter:

„Ja und?" Anton:

„Na sie weiß nichts von unserem Herrenabend heute und hat gesagt, dass sie mit dir den ganzen abend eine wichtige Präsentation für morgen vorbereiten muß."

## Zweitjob

**Platz 10**

„Dass der Golfplatz nebenan anfragt, ob er Platz 10 dauerhaft anmieten kann, könnte sicherlich unsere finanzielle Situation verbessern. Dass er ihn allerdings als Bunker anmieten möchte, spricht definitiv gegen die Qualität unserer Sandplätze."

**Grundstück**

Hast du schon gehört dass man jetzt Teile unserer Tennisplätze ideell kaufen kann? Man kann einen Namen vergeben, bekommt sogar eine Urkunde. Nette Sache als Geschenk. Und der Verein kann mit den Einnahmen das Clubhaus renovieren."

„Theoretisch hast du recht. Aber es gibt hier ein paar Mitglieder die das ganze etwas zu ernst nehmen."

„Wieso?"

„Na schau doch mal auf Platz 3, hier haben sich die Müllers das Aufschlagfeld gekauft und gleich komplett umzäunt."

**Spieltaktik**

Zwei Clubmitglieder schauen sich das Tennisspiel von zwei Nachwuchsspielern der U18 an, sagt der eine zum anderen:

"Also ich finde, dass die Taktik von Peters Tennisspiel dem eines Schachspiels ähnelt."

„Aber dann muß er wohl der König sein, da er nie mehr als einen Schritt in Richtung Ball läuft."

**Suche**

Wo seid ihr?
Ich will euch nur ein
bisschen schlagen.

Für wie blöd hält der uns
eigentlich?

**Treibsand**

„Warum stellt der Trainer auf Platz 5 ein Schild mit der Aufschrift ‚Achtung Treibsand, betreten verboten' auf und weshalb steht einer der Mannschaftsspieler daneben und schaut zu?"

„Der Spieler ist unsere Nummer 1 bei den Junioren und der Trainer kann sich das schlechte Abschneiden der Mannschaft nur noch dadurch erklären, dass der Sand des Platzes aus Treibsand besteht."

„Das verstehe ich nicht."

„Na der Trainer hat so intensiv mit den Spielern taktisch gute Spielzüge und an der Technik gearbeitet, dass als einzige Erklärung nur noch Treibsand in Frage kommt, der im Match alle guten Schläge und eintrainierten Taktiken unserer Mannschaft rückstandslos verschluckt haben muß."

## Tennisbälle

Unterhalten sich zwei Tennisbälle, sagt der eine:

„Also ich mach das nicht mehr lange mit, andauernd werde ich geschlagen, mein Filz ist schon ganz zottelig, meine Aufschrift verfranzt und nachdem der Platz gesprengt wurde bin ich immer voller Matsch."

Darauf der andere:

„Ja was hast du denn erwartet von deinem Job als Tennisball?"

Darauf der andere:

„Das ich geschlagen werde, halte ich schon aus, aber beworben hatte ich mich als Matchball und nicht Matschball. Weißt du was, langsam glaube ich, dass ich das Opfer einer Verwechselung bin..."

## Smalltalk

Zwei Tennisbälle liegen in einem Behälter gedrängt nebeneinander, sagt der eine:

„Ja wie siehst du denn aus? Du hast viel weniger Filz auf deiner Kugel und ich habe gehört dass du auch nicht mehr so kontrolliert vom Boden abspringen kannst. Was ist denn los? Darauf der andere:

„Na ja gestern im Match wurde mir bei einem Topspinschlag durch die extreme Drehung so übel, dass ich doch tatsächlich mit meinem Po neben der Linie im Aus aufgekommen bin. Dann erfolgte eine beschämende Analyse meines Abdruckes im Sand und als wenn das nicht genug wäre, wurde mir auch noch vorgeworfen, ich hätte die Linie beim Aufkommen berührt. Da ich nicht nachgab, nahm mich der Verlierer des Matches mit und drosch mich mehrere Stunden lang zur Bestrafung gegen die Tenniswand bis mir die Puste ausging.

Ich kann gesundheitlich nicht riskieren, nochmals so behandelt zu werden. Ich werde alles hinter mir lassen und woanders neu anfangen."

„Und was willst du machen?"

„Deshalb habe mich ja in diese Ballwurfmaschine eingecheckt und warte auf den Abflug."

„Na, daraus wird wohl nichts."

„Wieso?"

„Weil dies hier nicht der Ballbehälter für die Ballwurfmaschine ist, sondern der vom Club-Shredder."


**Tierisch**

Eine Ziege und ein Esel spielen Tennis. Nach einem harten Schlag des Esels landet der Ball auf einem der beiden Hörner der Ziege und wird aufgespießt. Sagt der Esel: „Macht nichts, das hätte mir auch passieren können."

**Der beste Moment**

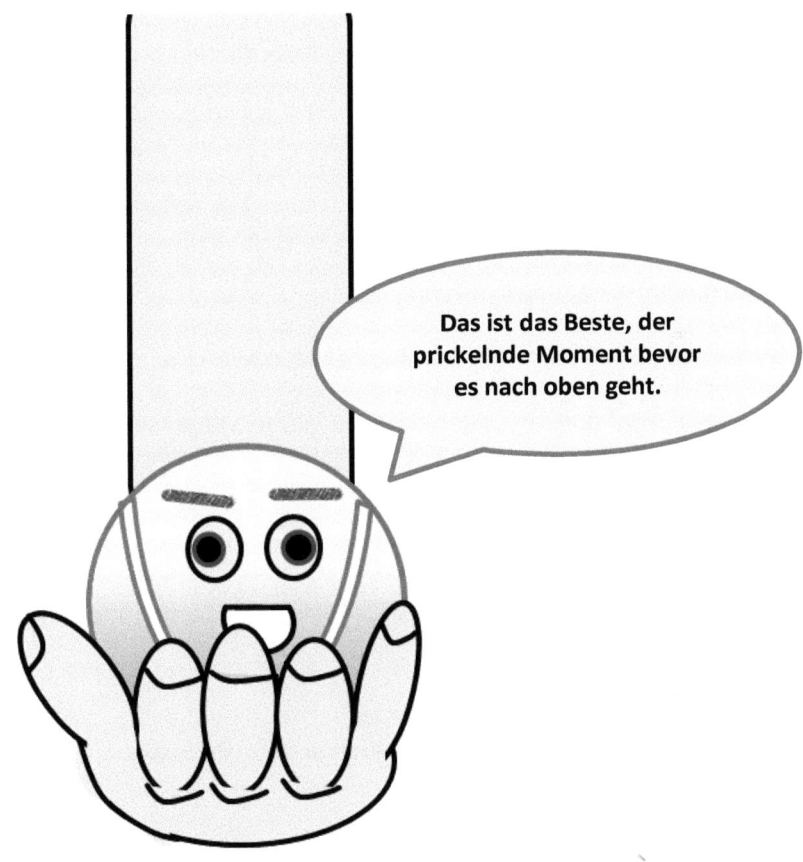

Das ist das Beste, der prickelnde Moment bevor es nach oben geht.

**Hüpfende Bälle**
„Die schönsten hüpfenden Bälle gab es heute im Match bei Sabine zu sehen."

**Netzspiel**
„Den aktivsten Part in eurem Tennismatch heute hatte das Netz."

## Netzroller

„Ich glaube mein Netzroller hatte heute einen Platten."

## Irre

Treffen sich zwei Irre zum Tennisspielen, sagt der eine:

„Ach verdammt wir können nicht spielen."

Sagt der andere: „Warum nicht, was ist denn los?"

Darauf wieder der andere: „Wir haben die Würfel vergessen."

## GPS

„Hallo Klaus, weißt du warum mehrere Spieler andächtig mit abgenommenen Mützen vor Platz 3 stehen?"

Klaus: „Da nach den GPS-Koordinaten des neuen billig Smartphones von Frank, sich genau dort die heilige Anlage des Petersdom in Rom befinden müßte."

## Kaffeetennis

Wussten sie schon, dass das in Clubs weit verbreitete Kaffeetennis nicht in überdimensionalen Kaffeetassen gespielt wird?

**Ersatzschläger**

Peter ist ein guter Tennisspieler, aber neigt zu Wutausbrüchen auf dem Platz. Der Vater hat ihm gerade zwei neue Tennisschläger gekauft. Er kommt auf Peter zu, übergibt ihm einen der beiden Schläger, nimmt einen Hammer und haut kräftig auf den anderen Schläger ein bis dieser völlig zerstört ist. Peter ist ziemlich verdutzt und fragt seinen Vater warum er das gemacht hat. Darauf antwortet der Vater, dass er gleich den einen Schläger zerstört hat, damit er wie beim letzten Match das nicht selber tun muss und sich nun wieder vollkommen auf das Tennisspielen konzentrieren kann.

**Traditionelles Treffen**

Die drei Familienväter Paul, Frank und Peter spielen jeden Sonntag früh zusammen Tennis. Diesen Sonntag ist Ostersonntag und alle sind überrascht, dass es trotz Familienzwang jeden gelungen ist, zum Treffen zu kommen.

Paul: „Ich habe meiner Frau einen teuren Wellness-Gutschein geschenkt."

Frank: „Meine Frau hat von mir einen silbernen Anhänger bekommen, den sie schon immer haben wollte."

Peter: „Ich habe gestern abend ausgiebig Knoblauch gegessen und bereits heute früh um sechs stand wie von Zauberhand meine Tennistasche direkt neben der Tür fertig gepackt zum Abmarsch bereit."

**Hardcourt!**

Wussten sie schon dass unter ‚hardcourt' Spiele keine Filme mit sexuell anrüchigen Spielszenen zu verstehen sind, auch wenn manche Matches der nackte Wahnsinn sind?

## Anfangen

## Erste Tenniserfahrungen
Der kleine Paul war das erste Mal auf einem Tennisplatz und hat seinen Vater beim Tennisspielen zugeschaut. Anschließend prahlte er:
„Mein Vater ist der beste Tennisspieler auf der Welt. Er hat die meisten Bälle ins Netz schlagen können."

**Love all**

Wussten sie schon, dass das ‚Love all' beim Tennis nicht nur für Professionelle gilt, sondern auch bereits für Beginner?

**Fürsorge**

Zwei Tennisspieler spielen gerade ihr Verbandseinzel. Bemerkt der eine plötzlich: „Schauen Sie mal den Krankenwagen, der kommt sicher wegen der hochschwangeren Frau dort drüben. Na, hoffentlich ist noch nicht die Fruchtblase geplatzt." Darauf macht der andere mit seinem Schläger ausladende Winkbewegungen, um dem Krankenwagen aus der Entfernung zu signalisieren, wo er am besten halten kann.

Dann spielen beide weiter. Nach dem Match meint der eine Tennisspieler: „Das war wirklich nett von Ihnen dem Krankenwagen zu helfen, schneller einen Halteplatz zu finden." Darauf der andere: „Ja selbstverständlich, immerhin handelt es sich bei der Schwangeren um meine Frau."

**Auf den Hund gekommen**

Zwei Clubmitglieder spielen Tennis zusammen. Der eine hat einen kleinen Hund dabei und jedes mal wenn sein Herrchen gut aufschlägt macht dieser ein kleines Wuff und wenn er ein Satz gewinnt sogar einen kleinen Salto. Meint der Freund: „Und was macht er wenn Du verlierst?". Darauf der andere: „Dann fängt er an zu fliegen." Freund: „Das ist ja phänomenal. Wie weit denn?". Darauf wieder der andere: „Je nachdem wie gut ich ihn mit meiner Vorhand auf seinen Allerwertesten treffe."

**Albern**

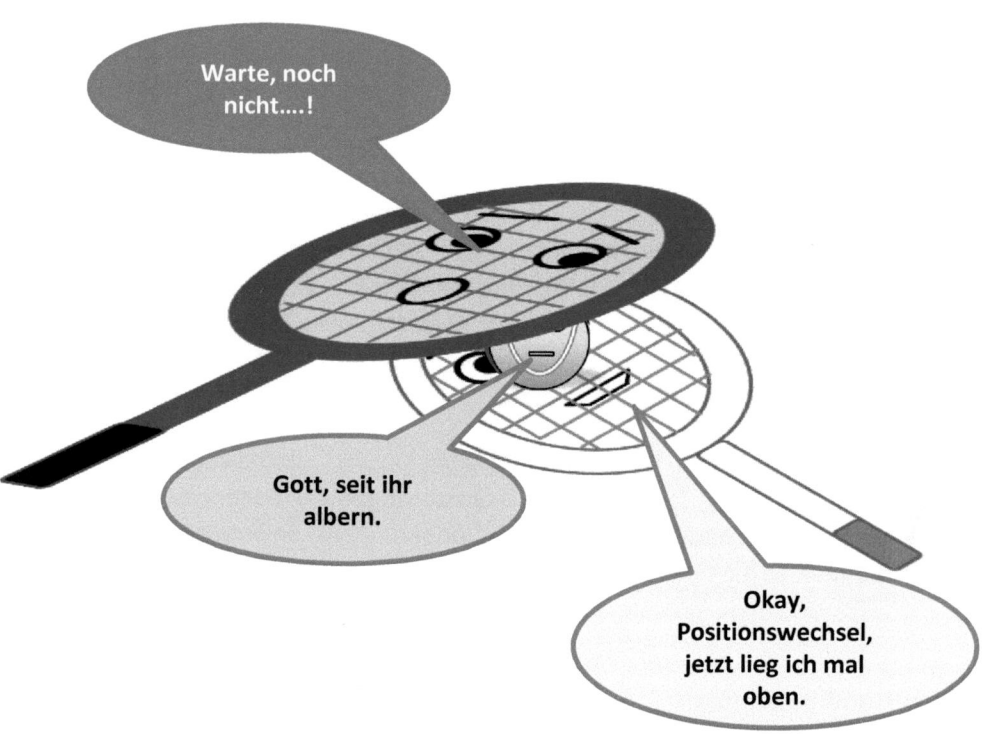

**Spatzen**
Sitzen zwei Spatzen auf einem Strommast und schauen einem Tennisspiel zu, sagt der eine: „Mann, diese Kondition, das geht jetzt schon zwei Stunden so." Sagt der andere: „Ja, das hätte ich Paul auch nicht zugetraut, der hat nach dem ganzen Draufgehämmere schon gar keine Federn mehr."

**Arzt**

Zwei Damen spielen Tennis. In der Pause zum Seitenwechsel bemerkt eine von ihnen dass der begehrte Dr. Frank zugeschaut hat und fragt ihn: „Hallo Herr Doktor wie finden sie mein Tennisspiel?" Darauf der Doktor: „Aber meine Teuerste, sie wissen doch als Arzt unterliege ich der Schweigepflicht."

**Angeber**

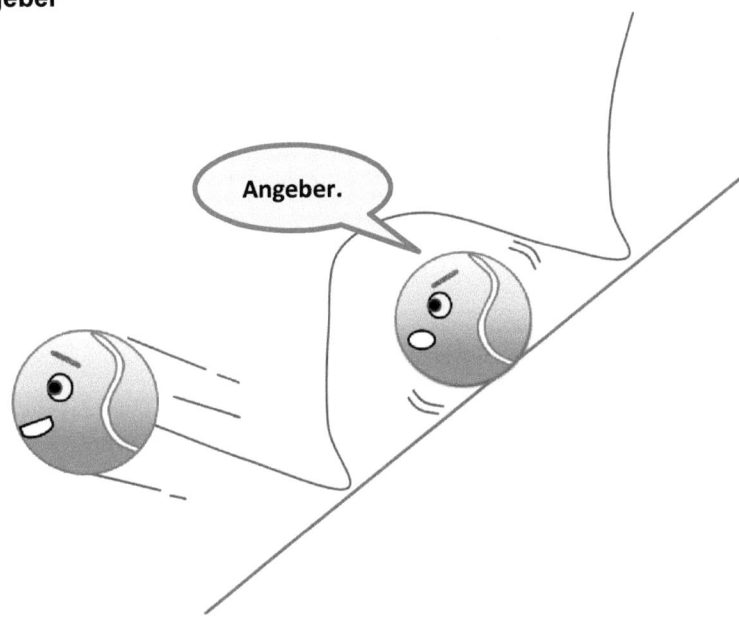

**Einfach irre**

Zwei Irre spielen Tennis, wundert sich der eine, dass der Tennisball nicht paßt, sagt der: „Das ist wirklich das Komische an Tennis." Fragt der andere: „was denn?"
„Na, die verkaufen Bälle, die nicht in die Löcher passen und dann stehen auch noch Fähnchen mitten drin."

**Kindergeld**

Wußten sie schon, dass Tennisprofis trotz eines ‚Love all' kein Kindergeld für Ballkinder beantragen dürfen?

**Seniorenteam**

Unterhalten sich zwei Tennisspieler, sagt der eine:

„Schau dir mal die Spieler der Seniorenmannschaft des gegnerischen Vereins an, sehen ziemlich grottig aus." Sagt er andere:

„Ach so, und ich dachte schon der Friedhof um die Ecke hätte heute Wandertag."

## 2. Bilderrätsel – *Auflösungen S.38*

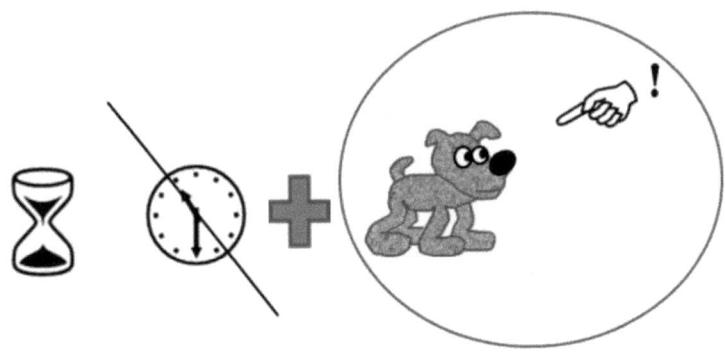

**a)** _ _ _ _ P _ A _ Z

**b)** B _ _ _ J _ _ _ E

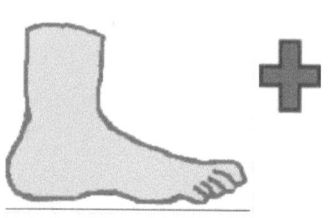 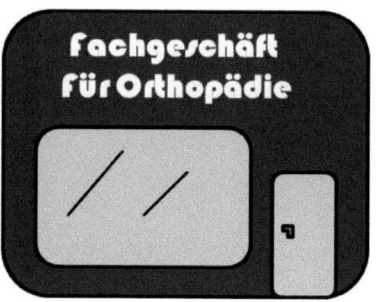

c)      F _ _ _ E _ _ _ R

d)      K _ _ O _ _ _ A _ F _ _ _ _ _ G

e)      _ : _ _

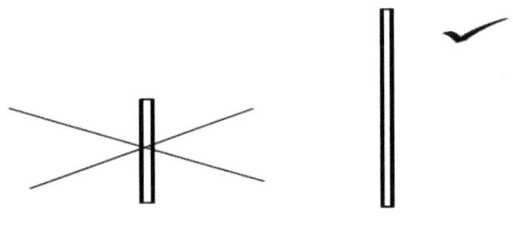

f)     _ O _ _ _ I _ E

**Bla bla bla blub, bli bla bla.**

g)     _ A _ Z _ _ _ _

Arooooo....

h)     M _ _ _ _ _ _ L

i) _ _ _ _ N P _ _ _ _

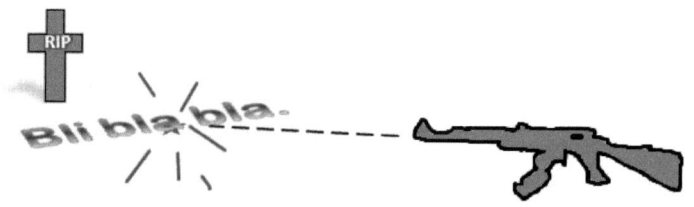

j) S _ _ _ V _ _ _ _ _ _

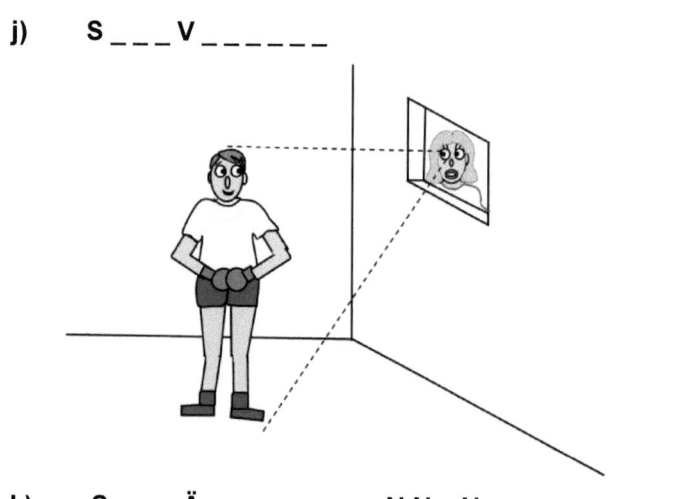

k) S _ _ _ Ä _ _ _ _ _ _ _ _ N N _ N _

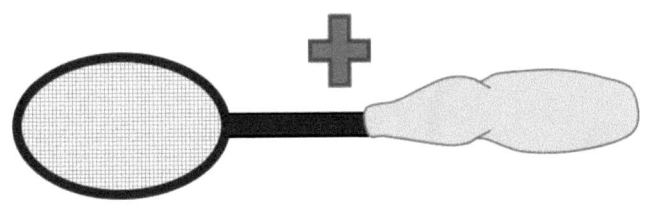

**l)** _ _ _ _ _ S _ _ M

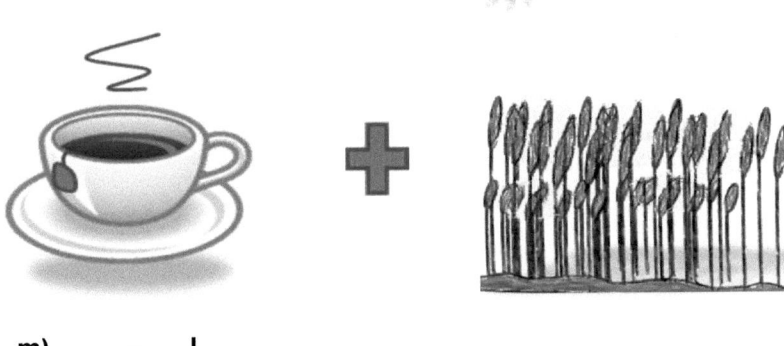

**m)** _ - _ _ L _

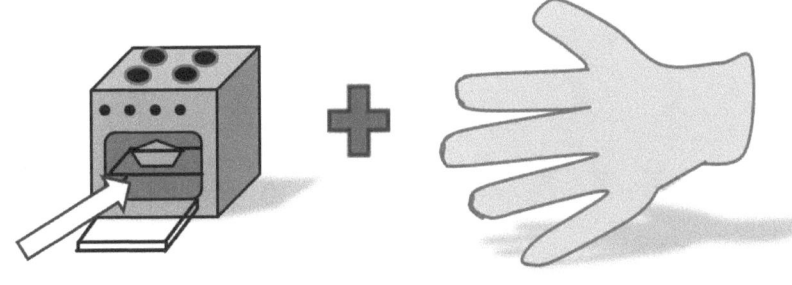

**n)** _ A _ _ _ A _ _

o)  \_ \_ \_ \_ \_ \_ \_ \_ R R \_ \_ \_ \_ \_

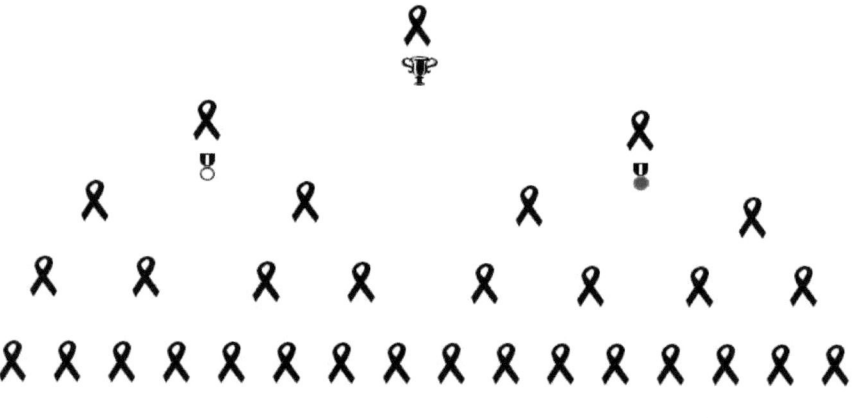

p)  S C H \_ \_ \_ \_ \_ \_ \_ \_ \_ \_ \_ \_ \_ \_ \_ R

**q)** _ _ E B _ _ _ K

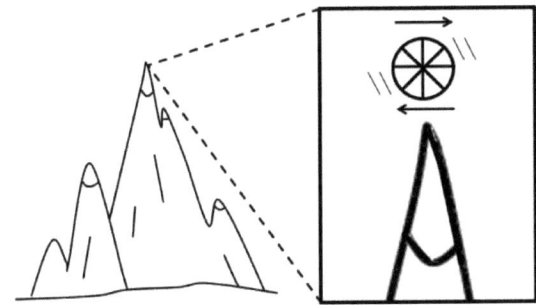

**r)** T _ _ S _ _ _

**s)** _ I _ C _ _ _ T

# 3.  Im Clubhaus

## Ansprache

Nach einem Verbandsmatch spricht der Clubvorstand vor versammelter Mannschaft: „Wir haben zwar heute nicht gewonnen, aber nach dieser Vorstellung bin ich schon froh, dass sich keiner im Tennisnetz verhäddert hat und tödlich aufgeschlagen ist.

## Lunchtime

Paul wartet im Clubrestaurant auf sein Essen. Da legt sich plötzlich eine reifere Frau nur mit einem Bikinihöschen bekleidet auf seinen Tisch und der Ober fängt an sie mit Früchten zu bedecken. Als er fertig ist, fragt Paul den Ober: „Herr Ober was soll das denn?" Ober:" Mein Herr sie haben vermutlich ohne es zu wissen eine Spezialität des Hauses bei uns bestellt, nämlich das naked Lunch ‚40-love'". Gast: „na wenn das so ist, dann räumen sie bitte ‚40-love' wieder ab und bringen mir stattdessen ein junges ‚30-love'."

Nachdem abgeräumt wurde wird Paul von hinten auf die Schulter getippt und ein Mann nur mit einem Slip bekleidet sagt: „Sie haben die ‚30-love' bestellt?"

## Schwarze Bälle

Kommt ein Mann in den Tennis-Shop: „Haben sie schwarze Tennisbälle?"

Der Verkäufer schaut in sämtliche Kataloge, durchforstet das Internet und ruft auch Kollegen an:" Tut mir Leid, kann ich nirgends finden, aber sagen sie mal weshalb brauchen sie gerade schwarze Bälle?"

„Na, weil die farblich besser zu meiner Anhängerkupplung passen."

## Glückwunsch

Nach endlosen Trainings-
einheiten ist es Sabine
endlich gelungen, einen
ordentlichen Ballwurf zu
erzeugen.

Herzlichen
Glückwunsch, es
ist ein Dunflop.

## Toilettengang

Ein Tennisspieler möchte nach dem Match in einem Sportcenter auf die Toilette gehen. Da diese zu klein ist, um seine riesige Tennistasche mitzunehmen, muß er sie vor der Tür stehen lassen. Damit sie keiner mitnimmt schreibt er auf einen Zettel: „Wer es wagt, die Tasche wegzunehmen bekommt von mir einen harten Aufschlag wie von der Nr.1 der ATP.". Er legt den Zettel auf die Tasche und geht dann auf die Toilette. Als er wieder raus kommt ist die Tasche weg und findet statt dessen einen Zettel auf dem Boden liegend auf dem steht: „Bei so einem harten Aufschlag erwarte auch keinen Return."


## Mannschaftsessen

Wussten sie schon, dass das traditionelle Mannschaftsessen nach einem Verbandsmatch kulturell unterschiedlich verstanden werden kann, so verstehen beispielsweise Kannibalen etwas völlig anderes hierunter als in unseren Breitengraden.


## Gerüchte

„Weißt du schon das Neueste?"

„Nein, was denn?"

„Peter Maier unserem Vorstand geht es momentan nicht gut, ein dutzend Gläubiger sind hinter ihm her, ihm steht das Wasser bis zum Hals."

„Ja das habe ich auch gehört und morgen will er untertauchen."

## Moderne Tennisanlage

„Also Frau Schulz die Clubanlage ist wirklich toll, eine richtige Augenweide. Und diese moderne Inneneinrichtung des Clubhauses ist schon sehr schick. Am beeindruckendsten finde ich allerdings dieses imposante 3-D Tennisbild, man könnte fast den Eindruck bekommen die Spieler bewegen sich." Darauf Frau Schulz:

„Ihr Eindruck stimmt, allerdings ist dies kein 3-D Bild sondern das Panoramafenster, das hinaus auf einen der Nebenplätze zeigt, auf welchem gerade unsere beiden ältesten Clubmitglieder spielen, und die sind immerhin beide schon über 90 Jahre alt."


## Garderobenhaken

Kurz vor den Verbandsspielen wurde noch das Clubhaus renoviert und unter anderem wurde über fünf Garderobenhaken ein Schild angebracht mit der Aufschrift „Nur für die 1. Herrenmannschaft". Später in der Saison, nachdem die 1.Herrenmannschaft auch noch das letzte Verbandsspiel verloren hatte, klebte plötzlich am nächsten Tag ein Sticker darunter: „Auch für Kleidung und Taschen verwendbar".


## Bewerbung

Eine junge gutaussehende Frau betritt das Sekretariat des Tennisclubs zwecks Bewerbungsgesprächs als neue Sekretärin. Zufällig hält sich der Trainer der Damenmannschaft im Büro auf und sortiert gerade die neu angekommenen Probeschläger, als die junge Frau den Raum betritt. Die junge Frau:

„Guten Tag, ich bin Frau Müller die Neue, erinnern sie sich an unser Telefonat?" Trainer:

„Das ist ja super, wir brauchen dringend eine Verstärkung in unserem Team, aber sagen sie mal kommen sie zufällig auch mit einer Griffstärke 4 zurecht?"

Die junge Frau errötend:

„Das kann ich nicht sagen, mit so starken Stücken hatte ich es bislang noch nicht zu tun."


**Zukunftspläne**

# Tragende Rolle

# 4. Fitness und Techniktipps

## Aufschlag

Schaffen sie mehr Sicherheit für ihrem Aufschlag durch Schlagen eines doppelhändigen Aufschlages. Es werden ihnen außerdem die erstaunten Blicke der Zuschauer ganz gewiss sein.

## Volley

Behalten sie beim Schlagen eines Volleys die Raumübersicht, indem sie stets mit einem Fuß hinter der T-Linie bleiben. Lassen sie sich nicht beirren durch die vielen Stoppbälle, die ihr Gegner dann spielen wird, gemessen in einer Lifetime Scorecard werden sie langfristig die Nase vorne haben* (*statistisch nicht berücksichtigt Gegner die mindestens genauso alt oder älter werden als sie).

## Smash

Holen sie mehr Power aus ihrem Überkopfball durch drehen einer Luftpirouette. Kanalisieren sie die Ausschwungbewegung beim Treffen des Balles über dem Kopf im sogenannten Pirouettensmash. Achtung! Achten sie auf ein gutes Aufwärmtraining, um Verrenkungen im Vorfeld auszuschließen.

## Slice

Kontrollieren sie die saubere Ausführung ihres Slices durch Loslassen ihres Schlägers beim Ausschwung. Segelt ihr Schläger direkt an die Netzkante war der Slice gut. Halten sie während eines Matches genügend Ersatzschläger bereit.

## Kondition

Mehr Ausdauer durch mentale Suggestion. Stellen sie sich einfach vor sie laufen die ganze Zeit während des Matches Berg ab und ihr Gegner dagegen Berg auf. Suggerieren sie sich in der zweiten Stufe dann mentale Siebenmeilenstiefel. Sie werden sehen, mit ihrer neu gewonnenen mental geerdeten Kondition werden sie Berge versetzen.

## Konzentration

Es ist wissenschaftlich erwiesen dass ein Sekundenschlaf eine enorm erfrischende Wirkung in kurzer Zeit erzielen kann. Daher rät der Profi bei lang anhaltenden Ballwechseln direkt nach einem Schlag mal die Augen für ein paar Sekunden zu schließen. Der Erholungseffekt nach Wiederöffnen wird enorm sein. Sie werden weniger Druck verspüren und gehen erfrischt in die nächsten Ballwechsel. Und je mehr sie diese Technik in einem Match anwenden desto entspannter können sie spielen, bis hin zu einem souveränen Matchverlust mit Wohlfühlgarantie.

## Backhand

Bei Spielern mit zwei linken Händen wird von einer double handed backhand dringend abgeraten

## Spieltaktik

Verwandeln sie als Gast das Match in ihren Heimvorteil. Bestehen sie darauf bei Regen weiterzuspielen, denn durch die vielen Tränen und Schweiß die bei den unendlichen Trainingseinheiten aufgrund ihres hohen Grades an Untalentiertheit geflossen sind, wissen sie am besten wie man sich auf rutschigem Untergrund bewegt.

**Griffband**

# 5. Gesundheit, Pflege & Mode

## Besuch beim Psychiater

Kommt ein Tennisball zum Psychiater und sagt: "Also ich versuche wirklich, meinem Leben einen Sinn zu geben und bleibende Abdrücke zu hinterlassen, aber bei jedem neuen Match sind sie wieder wie weggewischt."

## Fremdgehen

Unterhalten sich zwei Tennisspieler, sagt der eine:

„Hast du schon das Neueste gehört?"

„Nein, was denn?"

„Eine Frau wurde von ihrem Mann beim Fremdgehen erwischt. Aus Wut hat er diese solange mit Tennisbällen beworfen, bis sie in die Notaufnahme eingeliefert werden mußte."

„Auweia, und welche Ballmarke hat er verwendet?"

## Beim Arzt

Ein Mann beim Arzt. Nachdem dieser alle Untersuchungen abgeschlossen hat, schaut er mit ernster Miene zum Patienten und sagt: „Ich rate Ihnen dringend sofort mit dem Tennisspielen aufzuhören.". Patient: „Ach Herrje, Herr Doktor steht es so schlimm um mich?". Arzt: "Das nicht, aber ihre Spielergebnisse lassen keine andere Diagnose zu."

**Tennisbälle**
Frank hat heute mit seiner breitbeinigen Art zu laufen gezeigt, dass es neben dem gefürchteten Tennisarm nun auch die Kategorie der dicken Tennisbälle gibt.

**Modern Look**
Unterhalten sich zwei Frauen im Restaurant des edlen Tennisclubs, sagt die eine:

„Ja du hast recht dieser schäbige vintage–look ist wieder in, aber die anderen tragen mit Label und du nicht."

**Jobrotation**

**Zeit**

Frank und Peter unterhalten sich nach ihrem Tennismatch.

Frank: „Und Peter, wie lange spielst du schon Tennis?"

Peter: „Seit ungefähr fünf Jahren."

Frank: „Das ist eine lange Zeit, kein Wunder dass du so müde aussiehst."

**Umschulung**

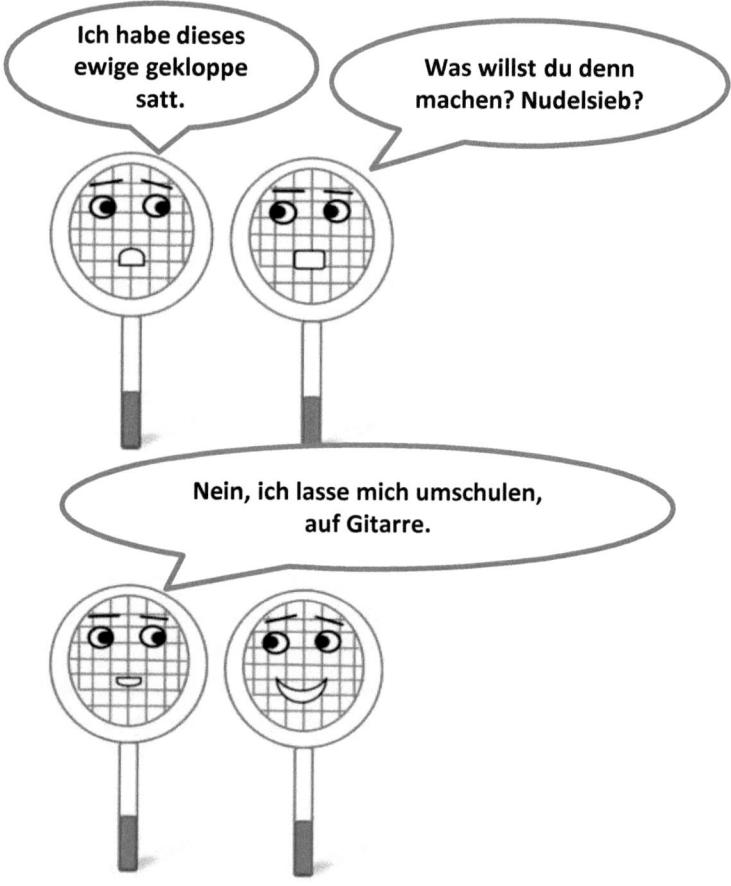

## Tennisoutfit

„Hallo Tina, schön dass es heute mit unserer Verabredung zum Tennis geklappt hat."

„Wie findest du eigentlich mein neues Tennisoutfit, das mir mein Mann letzte Woche gekauft hat?"

„Ja richtig, dass ist wirklich schade, dass ihr euch noch immer nicht versöhnt habt."


## Neues Tennisoutfit

Unterhalten sich zwei junge Tennisspielerinnen, sagt die eine: „Also immer, wenn ich ein neues Tennisoutfit trage gehe ich mir gleich das nächste anschaffen." Darauf die andere: „Also bei mir ist das genau umgekehrt."


## Tennisarm

Tennisspieler kommt mit stark bandagiertem Arm in einer Trageschlaufe in das Clubhaus. Darauf ein Clubmitglied:

„Tennisarm?". Darauf der Tennisspieler:

„Nein, beim Ausruhen vom Sofa gefallen."


## Gesichtspflege

Was ist der Unterschied zwischen Tennis und Gesichtspflege? Bei der Gesichtspflege wird die T-Linie gepudert und eingecremt, beim Tennis abgefegt.

**Nichts**

Wow wie sexy, ein
Hauch von nichts..

**Maniküre**
Was ist der Unterschied zwischen Tennis und Maniküre? Bei der Maniküre
versteht man unter einer gepflegten ‚backhand' saubere Fingernägel und
einen schönen Handrücken.

**Creme and run**
„Wow Frank, deine Beinarbeit ist einfach fantastisch. Und du hast auch
ordentlich abgenommen, mindestens 10 kilo. Wie schafft man das in nur zwei
Wochen?" Frank:

„Das habe ich dem neuen Fitness- und Trainingsprogramm ‚Creme and run‘ zu verdanken." Darauf der andere:

„Creme and run? Was ist das denn?" Frank:

„Na ja, bevor man auf den Tennisplatz geht reibt man sich die Waden mit Speck ein und wenn dann das Match beginnt nimmt der Trainer seinen ausgehungerten Terrier von der Leine."

## Schöne Augen

Warum achten Tennisspielerinnen vor einem Match auf gut geschminkte Wimpern?

Damit sie einen besonders schönen Aufschlag haben.

# 6. Worträtsel – *Auflösungen S.57*

a)   _ _ _

„Das haben sie prima gemacht, toll, weiter so!".

b)   M _ _ _ _ _ L

Schlag mit interstellarer Reichweite.

c)   _ _ _ C E

An der Wursttheke bekommt man die deutsche Variante.

d)   D _ _ _ E

Bei McDonalds kann man ihn befahren.

e)   _ _ _ _ _ _ _ M

Dem Tennisgott geopferter Körperteil.

f)   _ U _ _ _ _ _ G

Sprung vom 10m Turm & kein Wasser im Pool wäre dann die harte Version.

g)   R _ _ _ R _

....of the living dead.

h)    S _ _ _

Spielt man ihn andauernd sieht der Gegenspieler rot, auch ohne Straßenschild.


i)    _ O _ _ _ _

Man kennt diese Ballspielart auch am beach.


j)    _ _ I _

Die Spinne trägt es bereits in sich.


k)    _ _ _ L

Der bekannteste hiervon findet jährlich in Wien statt.


l)    _ I _ _  S T _ _

Beim Tanzen ein move aber nicht noch vorne.


m)    _ _ _ V _ _ E

Es gibt Negativbenotungen wenn er schlecht ist.


n)    _ _ _ _ T E

Findet man Weißliche auf dem Brot davon, heißt es Finger weg!

o) _ _ _ _ WU _ _ M _ _ C H _ _ _

Wortloser Tennispartner mit stabiler Psyche.


p) _ _ V _   _ _ _

Piep, piep, piep wir haben uns alle lieb.


q) _ _ _

Die verdrehte ten die zu tief geschlagene Bälle fängt.


r) M _ _ _ H P _ _ N T

Entscheidungsmoment, hopp oder topp.


s) _ _ _ S _ _ N

Mit dem richtigen Dreh geht es nach oben..


t) _ _ _   _ _ _ _ _ D  B _ _ K _ _ _ _

unmöglich zu spielen für einarmige Tennisfans

**Spüren**

---

# 7. Schiedsrichter

## Fußfehler

Unterhalten sich zwei Zuschauer eines Tennismatches, fragt der eine:

„Warum ruft denn der Schiedsrichter permanent Fußfehler?" Darauf der andere:

„Der eine Spieler leidet unter einem Knick-Senk Fuß und der Schiedsrichter ist von Beruf Orthopäde und kann offenbar auch in seiner Freizeit nicht abschalten."

## Umorientierung

„Vielleicht sollte einer mal dem Ersatzschiedsrichter sagen, dass wir hier nicht beim Fußball sondern beim Tennisspiel sind." Darauf der andere: „Wieso?" Darauf wieder der andere: „Na hör mal, es gibt beim Tennis kein Faulspiel, und jedes mal mit einer Trillerpfeife zu pfeifen, nur weil einer der Spieler einen fiesen Schlag gemacht hat geht nun gar nicht."

## Schiedsrichter

Im Tennismatch. Nach Ende eines Ballwechsels geht einer der Spieler auf den Schiedsrichter zu und drückt ihm einen Euro in die Hand. Schiedsrichter:

„Wie soll ich das denn bitte verstehen?" Spieler:

„Naja, ich dachte mir dass es sehr anstrengend für sie sein muß mehrere Stunden hier der prallen Sonne ausgesetzt zu sein. Das müssen sie sich doch nicht antun als 1 Euro Jobber. Jetzt haben sie den Euro und können gehen wohin sie wollen."

# Massage

Ahhhh.....
Roll bitte weiterhin auch schön am Rahmen entlang, da juckt es am meisten.

## Linienrichter
„Es ist toll wenn ein Linienrichter seine Aufgabe sehr genau nimmt, aber mit dem extra engagierten Pfadfinder als Unterstützung zur rekonstruktiven Ablaufanalyse der Abdrücke im Sand ist er nun wirklich über das Ziel hinausgeschossen."

## Richterkollegen
Unterhalten sich zwei Richterkollegen, sagt der eine:
„Also ich finde ja die klare Linie, die Kollege Meyer in seiner Urteilsfindung verfolgt, schon prima.". Darauf der andere:
„Na ja, aber jeden Fall immer nur mit ‚in' oder ‚out' zu bewerten...da merkt man dann schon seine Vergangenheit als Linienrichter."

**Haarpflege**

**Vibrationen**

# 8. Trainer & Training

**Ballkorb**

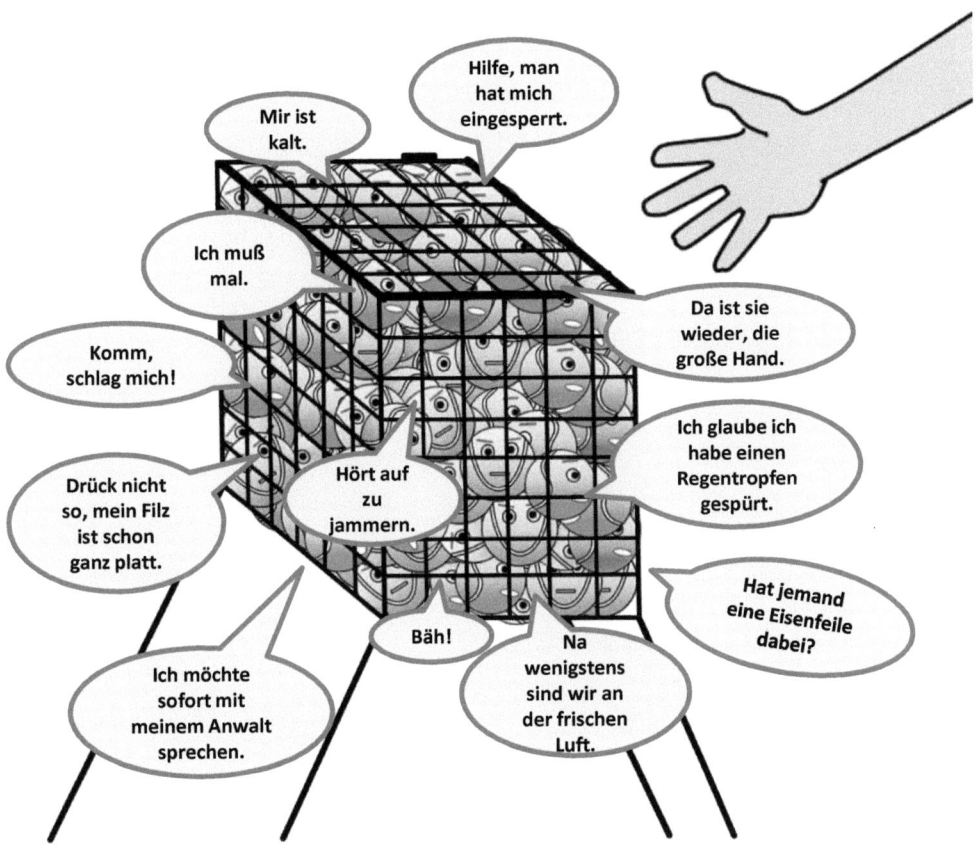

**Netzspiel**
Sagt der Trainer zu seiner Schülerin:

„Also Frau Müller, wenn ich Ihnen sage sie sollen die Bälle über das Netz schlagen, dann meine ich das Große in der Platzmitte. Die Bespannung des Schlägers ist NICHT das Netz, auch wenn es Ähnlichkeiten aufweist.

## Zaungäste

Spricht der Tennisprofi zu einem Zuschauer während des Trainings:

„Seit zwei Stunden stehen sie  nun schon am Platzrand und schauen mir dabei zu wie ich versuche, meine Vorhand zu verbessern. Wie wäre es, wenn sie versuchen würden, selbst mal zu spielen?" Darauf der Zuschauer:

„Nein danke, dazu bin ich viel zu ungeduldig."

## Taxi

Nach dem Match kommt der Coach zu seinem Spieler, welcher gerade verloren hat und sagt: „Ich habe dir ein Taxi direkt vor dem Eingang der Anlage bestellt, es wird in 4 Stunden da sein, d.h. du mußt sofort losgehen um noch rechtzeitig da zu sein."

## Ausbildung

Im Ausbildungslehrgang für angehende Tennistrainer. Ausbilder: „So nun habt ihr fast alles gelernt bis auf eine ganz wichtige Sache, die für den Erhalt eures Stundenkontingents von großer Bedeutung ist. Bitte setzt jetzt alle eine ernste Miene auf und sprecht mir nach: Du bist ein echtes Talent. Aus dir kann mal was ganz großes im Tennis werden."

## Tennis Verabredung mit einem Computer Nerd

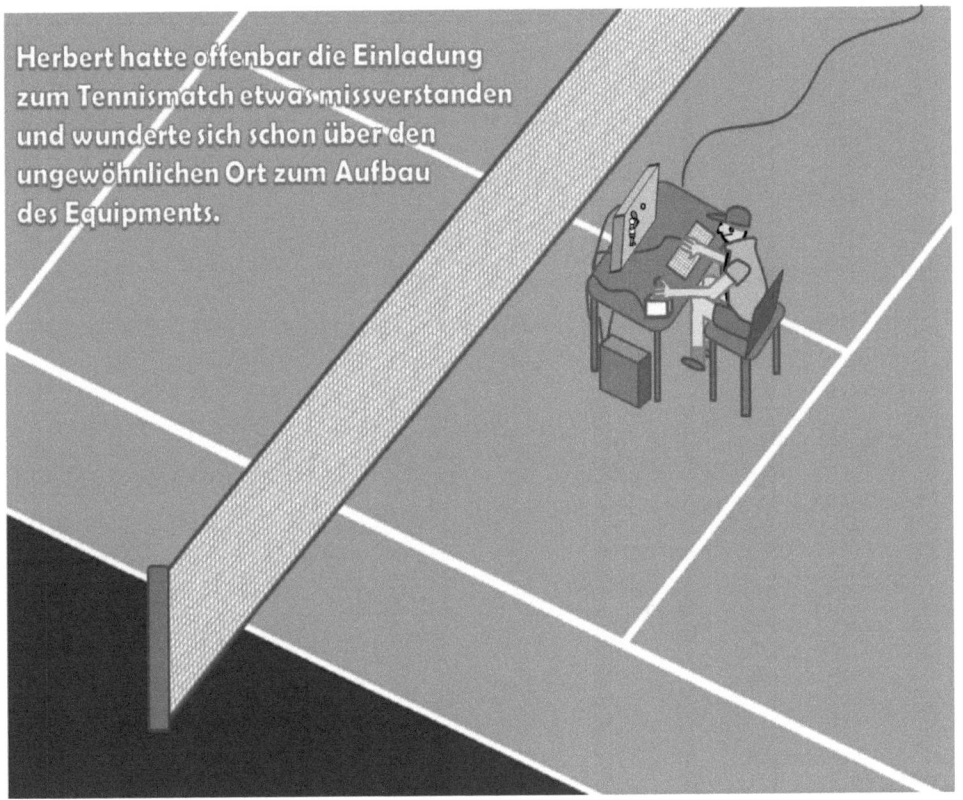

Herbert hatte offenbar die Einladung zum Tennismatch etwas missverstanden und wunderte sich schon über den ungewöhnlichen Ort zum Aufbau des Equipments.

## Hängematten

„Sag mal gerade ist ein Paket mit einem Dutzend Hängematten angekommen. Wo sollen die denn aufgehangen werden, dazu haben wir doch zu wenig Bäume auf der Anlage."

„Nein die Bestellung ist ein Geschenk des Vorstands an unsere 1.Mannschaft und soll den Trainingsfleiß während der Saisonvorbereitung widerspiegeln."

**Tenniscrack**

Der Lehrer unterhält sich mit Peter: „Und Peter was machst du so in deiner Freizeit?" Peter: „Ich spiele intensiv Tennis. Letzte Woche habe ich sogar ein internationales Turnier gewonnen und bin dadurch auf Position 18 der Jugend-Weltrangliste hochgerutscht."

Lehrer: „Aber Peter, das wußte ich ja gar nicht. Das könnte natürlich deine schlechten Noten in der Schule erklären. Du wirst ja wahrscheinlich jeden Tag trainieren müssen und hast dann kaum noch Zeit für die Hausaufgaben."

Peter: „Ja genauso ist es. Aber wenn es zu viel wird, dann zieht meine Mutter schon mal den Stecker aus dem PC."


**Wertvolle Tipps**

In der Pause zum Satzwechsel spricht der Coach zu seinem Spieler welcher gerade hinten liegt: „So und nun machst Du mal was ganz Verrücktes."

Spieler: „Was denn?"

Coach: „Triff den Ball."


**Letzte Worte**

Die letzten Worte eines Tennistrainers:

„So und nun trainieren wir mal das Aufschlagen auf den Mann..."

# Federball

**Schau mal Peter an, wie kann man nur so tief sinken.**

## Clubtrainerin

Die Clubtrainerin, welche einen riesen Busen hat sucht neue Übungsleiter zur Verstärkung des Trainerteams. Auf die Anzeige hin melden sich drei junge Männer. Nach dem Vorspielen ruft sie den ersten Kandidaten in das Clubbüro und stellt dann dem Bewerber einige Fragen. Zum Gesprächsabschluß stellt sie noch die folgende:

„Fällt Ihnen irgendetwas Besonderes an mir auf?" Darauf der junge Mann:

„Sie haben einen monströsen Busen." Trainerin:

„So eine Frechheit, verschwinden sie sofort!". Dann ruft sie den Zweiten herein und auch ihm stellt sie am Ende des Gespräches die Frage:

„Fällt Ihnen irgendetwas Besonderes an mir auf?". Der junge Mann:

„Sie haben einen monströsen Busen." Clubtrainerin:

„Verlassen sie sofort das Büro!". Dann kommt der dritte Proband ins Büro und am Ende kommt wieder die Frage:

„Fällt Ihnen irgendetwas Besonderes an mir auf?". Darauf der junge Mann:

„Sie tragen einen wirklich bemerkenswerten Gürtel." Darauf die Trainerin erleichtert und ein bisschen geschmeichelt:

„Finden sie dass er mir steht?" Junge Mann:

"Nein, das nicht, aber ohne dessen Halt würde ihr monströser Busen glatt auf den Boden klatschen."


**Lob**

Tennisschüler zu seinem Trainer:

„Gut gemacht…prima Erklärung Coach,..einfach großartig."

„Herr Schmidt, zum letzten mal. Hören sie bitte auf, mich andauernd zu loben. Wenn ich sage ‚jetzt Lob', dann mein ich den von Ihnen hoch zu spielenden Ball und erwarte keine Lobes Hymnen von Ihnen".

## Kunst

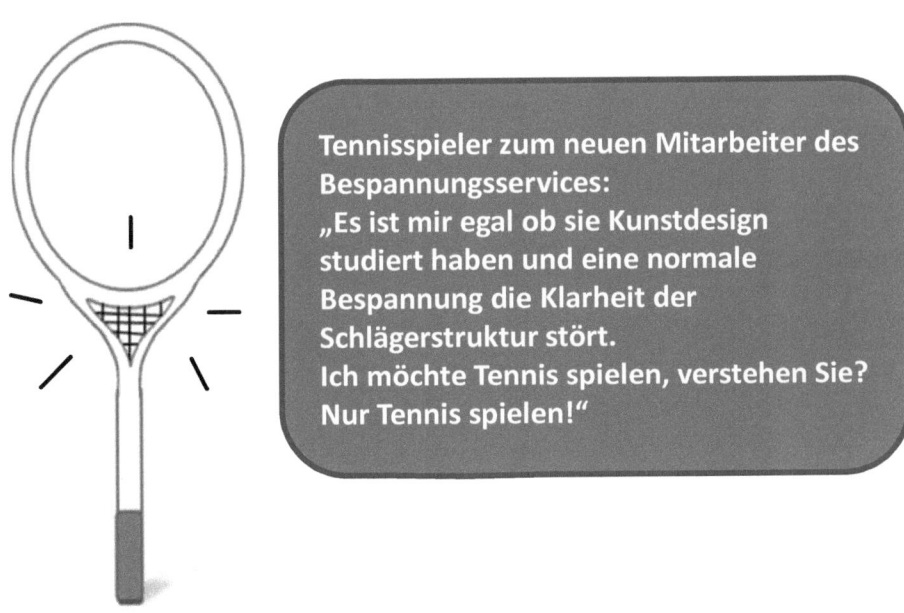

Tennisspieler zum neuen Mitarbeiter des Bespannungsservices:
„Es ist mir egal ob sie Kunstdesign studiert haben und eine normale Bespannung die Klarheit der Schlägerstruktur stört.
Ich möchte Tennis spielen, verstehen Sie? Nur Tennis spielen!"

## Götterdämmerung

Unterhalten sich zwei Clubmitglieder, sagt der eine:
„Achtung auf Platz 1 geht gleich die Vorstellung los." Darauf der andere

„Wie, was denn für eine Vorstellung?"
„Na die Götterdämmerung." Darauf der andere:
„Ich versteh nur Bahnhof, ich sehe nur den Trainer mit Peter, die gerade ihr Training starten." „Na eben, der kapiert doch schon zum x-ten mal nicht die neue Vorhandtechnik und nach spätestens 15 min hörst du wiederholt den Trainer brüllen: ‚Mein Gott, wann dämmert bei dir denn endlich die Technik!"

**Halbstarke**

**Buchhalter**
„Herr Pauli ich weiß dass sie als Buchhalter sehr genau sein müssen, aber wenn ich ihnen zurufe dass sie den Ball ins Feld bringen sollen, dann natürlich nicht persönlich hergetragen und beim seitlichen Stellen ist auch nicht das Stellen neben dem Tennisplatz gemeint."

**Mystisch**

„Nein Herr Schulz wir sind eine seriöse Tennisschule und arbeiten weder mit Woodoo-Puppen oder Beschwörungen und wir verstehen auch unter Mondbällen keine bei Vollmond verfluchten Bälle, um das nächste Match zu gewinnen."

**Gang nach Kanossa**

Spieler kurz vor dem Match: „Der Weg von den Umkleideräumen zum Center Court ist aber lang in diesem Verein und dann immer durch diese vielen Türen, das ist echt mühselig." Darauf der Trainer:

„Keine Sorge der Rückweg wird einfacher." Spieler:

„Wieso?" Trainer:

„Na mit deiner Einstellung wird dich dein Gegner heute so platt machen, daß ich dich nachher beim Rückweg problemlos unter den Türen durchschieben kann."

**Brille**

**100 Prozent**

Nach dem Match kommt der Trainer zu seinem Spieler und sagt:

„Du hast heute alle Punkte gemacht."

Spieler: „Wieso ich habe doch glatt verloren."

Trainer verärgert: „Ja deswegen ja."

## Jonglieren

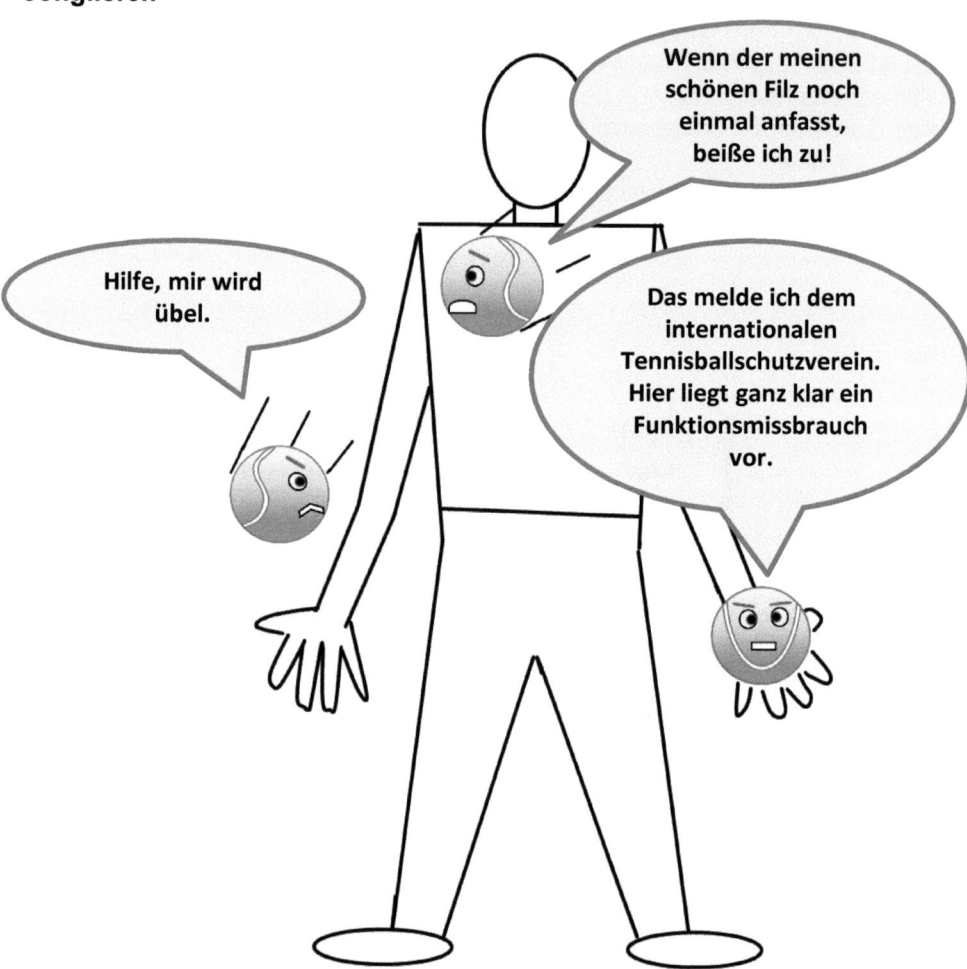

## Markenqualität

„Dieses verfluchte chinesische Mistding! Warum funktioniert das bloß nicht?"

„Hallo Peter, was ist denn los?"

„Na ich probiere schon seit einer halben Stunde, diese Bälle in die Ballwurfmaschine einzuladen aber sie rollen immer wieder raus."

„Aber Peter das kann auch nicht gehen."

„Wieso?"

„Weil die vermeindliche Ballwurfmaschine gar keine ist. Der ‚Made in China'-Laubbläser wurde in der letzten Woche neu angeschafft."

## Auf der Tribüne

Auf der Zuschauertribüne während eines Tennismatches dreht sich eine Zuschauerin, die einen sehr ausladenden Hut trägt, zu ihrem Hintermann um und fragt: „Stört sie mein Hut beim Zuschauen?" Darauf der Mann:

„Nein überhaupt nicht und wenn sie sich wieder nach vorne drehen würden, dann könnte ich auch wieder mein Bier drauf abstellen."

# 9. Im Stadion

## Lob

„Meine Damen und Herren, das scheint wirklich der höchste und zugleich längste Lob der Tennisgeschichte zu werden. Seit nunmehr drei Minuten warten sowohl Spieler als auch Zuschauer auf die Rückkehr des Balles.
Wie dieser Ball überhaupt bewertet werden kann, wird uns sicher der Oberschiedsrichter sagen können, der nach seiner Toilettenpause gleich wieder zu uns stoßen wird.
Von ihm sagen übrigens die Experten er habe die besten Augen fürs Tennis."

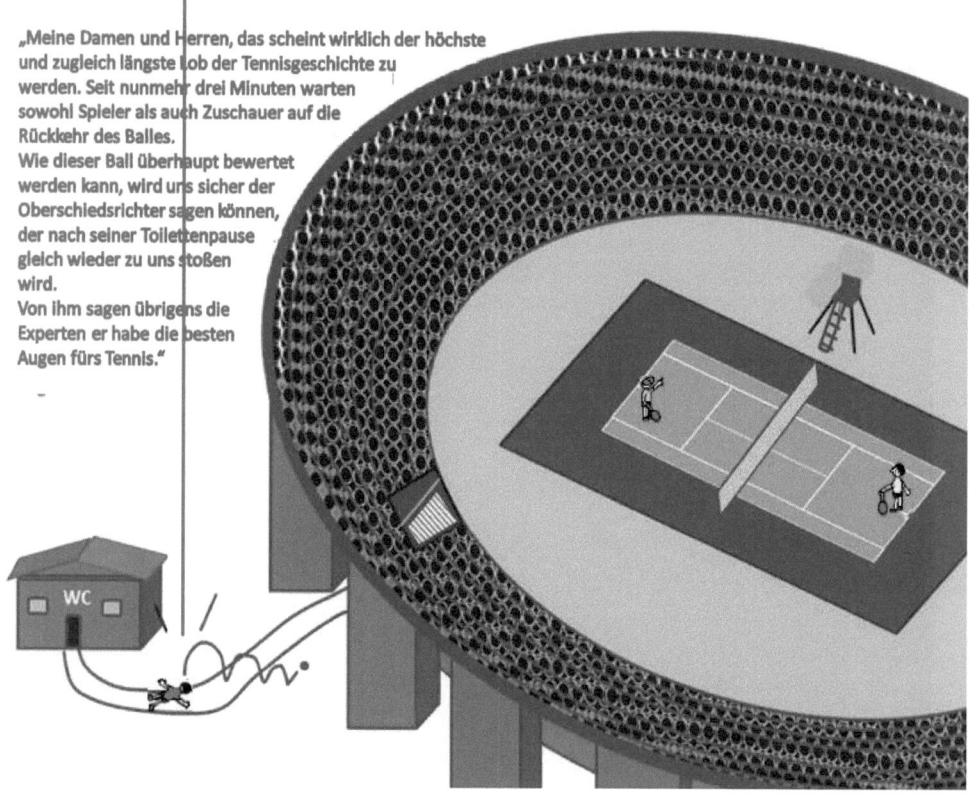

**Allgemeinwissen**

Spricht ein Journalist im Interview zum Tennisprofi: „Man sagt ja durch das viele Training leidet das Allgemeinwissen bei den Profis, da keine Zeit zum Lernen übrig bleibt." Darauf der Profi: „Nein, das kann ich so nicht bestätigen." Darauf wieder der Journalist: „Na gut, dann beantworten sie mir bitte die folgende Frage: Wo liegt Russland?" Darauf der Tennisprofi:

„Na, weit kann es nicht sein, da mein Trainer Struganoff jeden Tag zu Fuß zum Training kommt."

**Karrierehilfe**

Fragt der Journalist den erfolgreichen Tennisprofi: „Und sie haben ihre Karriere ganz alleine ohne Hilfe geschafft?" Darauf der Tennisprofi:

„Das kann man so nicht sagen. Es gab da immer diese kleinen gelben Filzbälle die ich zum Sieg gebraucht hatte."

**Hilfestellung**

Nach dem Profimatch humpelt ein älterer Zuschauer gestützt auf zwei Krücken zu einem der beiden Spieler, reicht ihm eine der Krücken und sagt: „Die brauchen sie dringender als ich."

**Zuschauer**

Im Zuschauerbereich des Center Courts. Kurz nachdem die Namen der beiden Tennisspieler genannt wurden, steht einer der Zuschauer abrupt auf und schickt sich an zu gehen, da fragt ihn sein Sitznachbar: „Wo wollen Sie denn jetzt noch hin, das Match beginnt doch jeden Moment." Sagt der andere: „Habe ich letztes Jahr schon gesehen".


## Auge

Nach Ende des Matches reibt sich einer der Spieler beim Verlassen des Platzes intensiv die Augen, fragt ein Zuschauer: „Das war also der Grund warum sie verloren haben, sie hatten Probleme mit den Augen und waren dadurch gehandicaped?" Darauf der Spieler: „Nein, Schlaf im Auge."


## Suche

Bei einem Tennisturnier ertönt folgende Stadiondurchsage:

„Achtung liebe Gäste, der kleine Peter ist verloren gegangen. Er trägt kurze Hosen und ein blaues Hemd. Falls ihn jemand sieht oder er selbst diese Durchsage hört, bitte umgehend beim Stadionsprecher melden....(für einen kurzen Moment nur dumpfes Gemurmel zu hören)...und mir wurde gerade noch mitgeteilt, dass sich Peter auch auf dem Parkplatz aufhalten könnte, er fährt einen blauen Mercedes mit dem Kennzeichen B-WU3578."

# 10. Verrückte Berufe

→ Filzkämmerer bei Dunlop

→ Gehegereiniger bei Puma

→ Streifenzähler bei Adidas

→ Bälleschleuderer bei miha

→ Cheerleader in Wimbledon

→ Sandburg Künstler bei den French Open

→ Platzwart bei Mario Tennis

→ Rahmenbieger bei Donnay

→ Los-Trommel Kurbler bei Lotto

→ Linienrichter bei pong

→ Balljunge in der Damendusche

**Neue Jobs braucht das Tennis**

ATP und WTA haben beschlossen mehr Arbeitsplätze bei den Turnieren zu schaffen, um den Komfort für die Spieler zu erhöhen. Neben den Ballkindern gibt es nun auch die

- Frischwind Zufächler

- Sand von Sohlen Klopfer

- Augenbrauen Zieher und Befeuchter

- Hosen- und T-Shirt Zurechtzupfer

- Ball Kämmerer

- Sand aus Augen Reiber

Darüber hinaus wird der flankierende Einsatz von Hunden zur beschleunigten Apportation von wegrollenden Bällen diskutiert.

## Gefangen im Netz

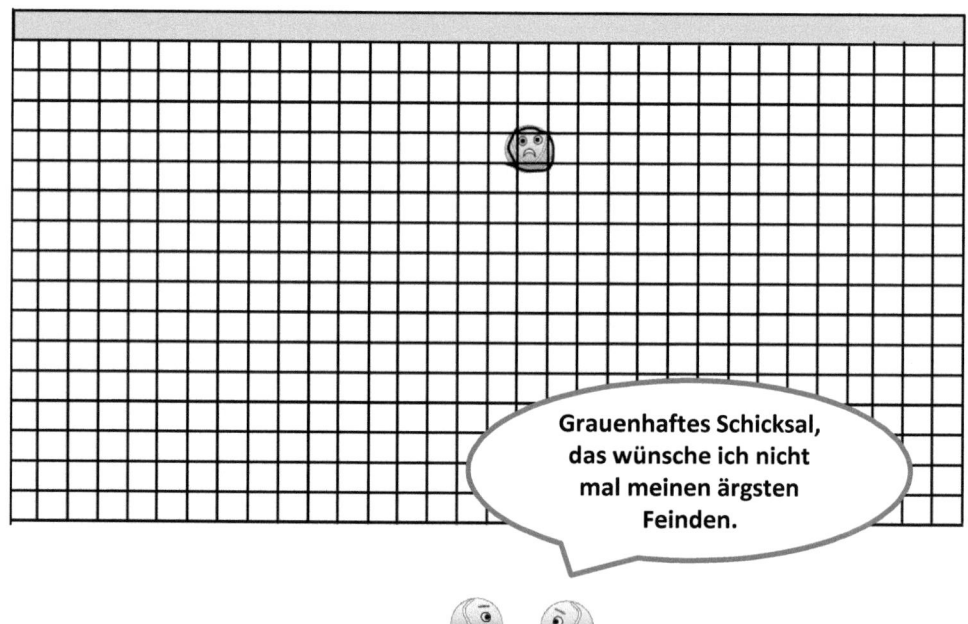

**Weitere Traumjobs aus der Tennisbranche...**

➔ Strickmuster-Designer im Bespannungsservice

➔ Graspollenjäger in Flushing Meadows

➔ Bälleflicker im Tenniscamp

➔ Playback Stöhner bei der WTA

➔ Punktezüchter bei der ATP

➔ Griffband-Bodenturner bei Wilson

➔ Vibrationsdämpfer bei harten Schlägen

➔ Statist in der Damenumkleidekabine

➔ Seiltänzer beim Linienfegen

➔ Doppelpartner fürs Einzel

➔ Longlinespieler im Kreisverkehr

# 11. Clubtätigkeiten

(und wie sie **nicht** vergeben werden sollten)

**Platzwart:**              Tunichgut mit Schnarchzapfen Diplom

**Linienrichter:**          Hans-guck-in-die-Luft

**Clubsekretariat:**        Gewitterziegen mit Schreckschraubenappeal

**Clubtrainer:**            Luftgitarrist

**Trainingsteam:**          In Schießbudenfiguren konvertierte HB-Männchen

**Vorstand:**               Jammerlappen

**Finanzen:**               Raffzähne und falsche Fünfziger

**Koch Clubrestaurant:** Spaghettisultan

**Betreiber Club Shop:** Marktschreier mit dubioser Im- und Export Expertise

**Oberschiedsrichter:** Perückenschaf mit Schlafkappenattitüde

**Balljungen:** Rollmöpse

**Organisator Events:** Fatalisten

**Clubkommunikation:** Quatschköpfe mit großem Tratschmaul

**Mannschaftsführer:** Als Klabautermänner verkleidetet Psychopaten

**1. Junioren:** Königsberger Klopse mit Baumschulzeugnis

**1. Juniorinnen:** Als Zimperliesen geoutete Milchmädchen

| | |
|---|---|
| **1. Herren:** | Platzhirsche |
| **1. Damen:** | Wuchtbrummen |
| **1. Senioren:** | Tattergreise mit Zauselgarantie |
| **1. Seniorinnen:** | Schabracken mit Schrulleffekt |

# 12. Tennis in 100 Jahren

→ Erklärungen/Interviews nach dem Tennismatch führt eine verschwitzte Avatarversion des Tennisspielers.

→ Es gibt Duschen direkt auf dem Platz. So dass auch während einer Satzpause die Spieler sich durch eine schnelle Dusche erfrischen können.

→ Statt Mineralwasser gibt es eine Drogenmixtur aus Fencheltee, Cola, aufgelösten Kaffeebrühwürfeln und alter Capri Sonne.

→ Während der Autogrammstunde fährt ein rollender Drucker zwischen den Fans umher und druckt und verteilt ununterbrochen Autogrammkarten solange bis alle vergeben sind. Mehrfachverteilungen an gleiche Personen werden dabei in Kauf genommen.

→ Spieler haben Anspruch auf ein Fußbad im Rahmen des Matches. In Zukunft steigt die Wichtigkeit des Gesundheitsaspektes enorm an und der Fuß bekommt nun nach jahrelangen Fußtritten und Herumgetrampel endlich die Anerkennung, die er schon lange verdient hat.

→ Durch mobile Rückenwindmaschinen gibt es einen ordentlichen Rückenwind für den, der gerade schlägt.

→ Ein ausdauernder Schattenspender spendet dem Spieler die ganze Zeit Schatten indem er ihn das ganze Match hindurch mit einem hochgehaltenen Sonnenschirm hinterherläuft.

→ Schlechte Aufschläger haben nun die Möglichkeit für das eigene Aufschlagspiel im Rahmen eines *Outtaskings* einen guten Aufschläger zu mieten.

→ Zur Abkühlung nach dem Match ist nur das Bad in der Menge oder das Bad im Ruhm des Erfolges gestattet.

→ Um weiter entfernte Bälle noch erreichen zu können, wird es den Intelligenten Tennisschläger geben, der sich automatisch über einen Teleskopstil verlängern kann.

→ Es wird intelligente Tennisbrillen geben, welche just-in-time die aktuelle Spielsituation analysieren und zielgenau Hinweise geben können wie der nächste Schlag optimal zu schlagen ist und wohin man laufen muß.

→ Es wird eine in den Sitzbänken eingebaute Bar geben, welche frische Drinks zusammen mixen kann, die direkt in den Spielpausen konsumiert werden können.

→ Es wird eine Stöhn Maschine geben, die immer dann stöhnt, wenn es der Tennisspieler mal vergessen hat.

→ Die Plätze werden abschüssig sein, um das Aufsammeln der Bälle zu vereinfachen.

→ Tennis Matches werden nur noch von Robotern bestritten, menschliche Spieler sind im Vergleich einfach nicht mehr gut genug und agieren nur noch als Ballholer und Ölkannenhalter.

# 13. Gesucht wird ...

**..ein neuer Vereinstrainer**

Unser neuer Vereinstrainer muß den folgenden Anforderungen gerecht werden:

> Muß Tag und Nacht zur Verfügung stehen um **allen** Bedürfnissen der Clubmitglieder gerecht zu werden.

> Technikerausbildung gefordert zur kostenlosen Reparatur sämtlicher Geräte...von den Vereinsmitgliedern.

> Der Vereinstrainer ist auch der Schlüsselträger vom Isolationsraum im Clubhaus, um trainingsunwillige Tennisspieler bei Widerspruch als Strafe für gewisse Zeit wegzusperren zu können.

> Muß Trinkfest sein, um kurz vor entscheidenden Matches die Spieler der Gegenmannschaft, gelockt durch Gratisdrinks unter den Tisch trinken zu können.

> Führen einer Hunde- und Katzenpension in der Urlaubszeit für die Tiere der Clubmitglieder.

> Betreiben einer Website zur Partnervermittlung um die 1.Mannschaft durch Abwechselung motiviert zu halten, natürlich erst nach persönlichen Qualitätscheck der Probanden/innen.

> Bei Reisen mit der 1.Mannschaft zur Saisonvorbereitung muß der Trainer vor Ort im Hotel Küchenarbeit leisten um die Reisekosten für den Verein möglichst gering zu halten.

> Arrangement ‚zufälliger‘ Unfälle für die Top Player des nächsten gegnerischen Teams.

- Lernen mit Elektroschocks; Fachkenntnisse als Elektriker notwendig zum fachgerechten Einbau und Wartung entsprechender Vorrichtungen in den Tennisschlägern der Spieler inklusive zentraler Fernbedienung.

- Pflichtbesuch des Seminars ‚Moderne Motivations(rat)schläge ohne Narbenbildung' als Selbstzahler.

- Bereitschaft zeigen, sich notfalls wochenlang nicht zu waschen um die Leistung der Tennisgegner in den Verbandsspielen durch gezieltes Stinken negativ zu beeinflussen (z.B. Zuschauen auf der Gegnerseite, Spielernähe suchen durch Stellen von dummen Fragen).

- Muß sowohl wüste Beschimpfungen als auch körperliche Züchtigungen der Vereins- und Teammitglieder bei verlorenen Punkten/Spielen ohne Gegenwehr hinnehmen bzw. über sich ergehen lassen. Dient damit auch positiv der Agressionsbewältigung der Spieler.

- Beherrschung perfekter Techniken um den Spielern übertrieben lautes Stöhnen, Brüllen, Fluchen bei Schlagdurchführung beizubringen und damit zur Störung der Konzentration der Gegner im Spiel beizutragen.


## ..ein neuer Mannschaftsspieler

- Muß sexy oder absolut hässlich sein, um durch Auswahl entsprechender Kleidung, oder auch gezieltes Weglassen derselben die Spieler/innen der Gegenmannschaft aus dem Konzept zu bringen.

- Muß sich genau über die Spieler der gegnerischen Mannschaft informieren, um durch gezielte Gemeinheiten und treffende Beleidigungen die Gegenspieler zu verunsichern.

- Muß eine Woche Kellnerdienst im Clubcafe ohne Bezahlung pro verlorenen Spiel ableisten.

> Hat Schauspielerisches Können nachzuweisen. Für einen taktischen Spielabbruch sind Erfahrungen in Simulation von Herzattacken und psychopathischen Ausrastern mit massiven Bedrohungsgesten Richtung Gegenspieler erforderlich.

> Soll über Fähigkeiten als Entertainer bzw. auch Pausenclown verfügen zwecks Hebung der Stimmung und Moral der Mannschaft in den Pausenzeiten zwischen den Matches.

**Verliebt**

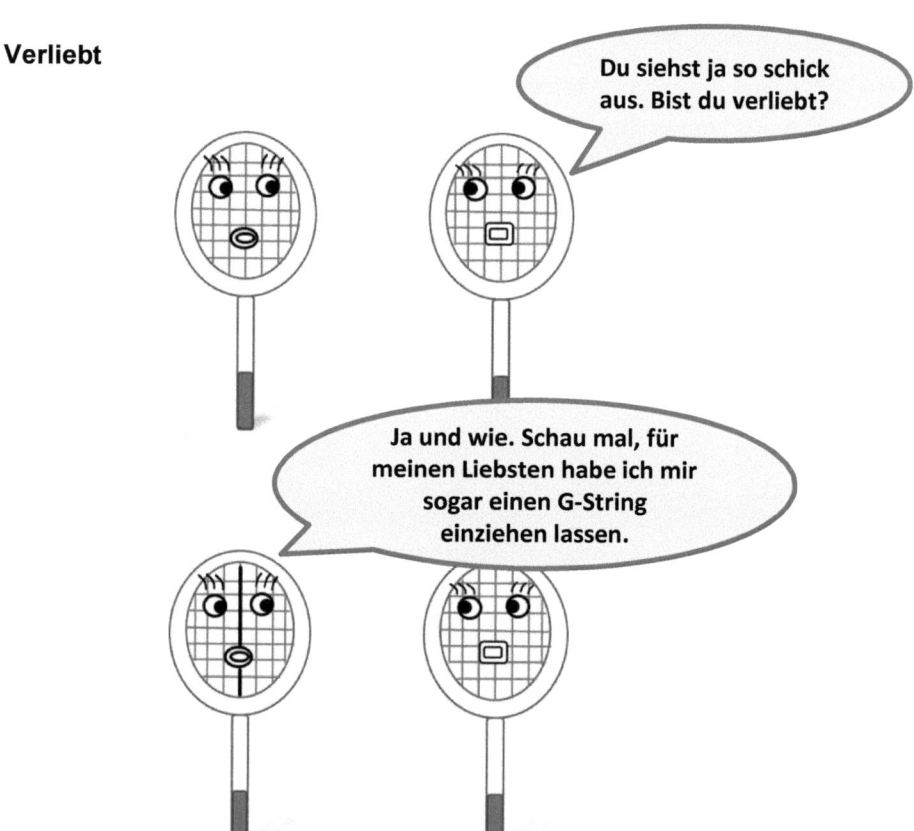

# 14. Miniquiz

➜ Wie wird nach einem **Satzende** weitergespielt?

O groß
O klein
O im nächsten Absatz
O mit einem Punkt

➜ Das Match ist zu Ende. Sie haben die **Seitenwahl**. Wofür entscheiden sie sich?

O Sonne im Rücken
O Seitenhieb
O Titelseite
O G-String

➜ Wie viel wiegt ein **Matchball**?

O 3 kg
O sehr schwer im Rückstand
O im Dunkeln gar nichts
O 10% mehr als Satzbälle

➜ Sie benötigen einen **Hammer Aufschlag**. Wo könnten sie ihn finden?

O In der Werkzeugkiste
O Beim Hammer Weitwurf
O Fallschirmspringer Kurs
O In der Schmiede

➜ Was versteht man unter einer **cross Vorhand**?

O Kannibalenspezialität
O Geburtsfehler
O hippe Begrüßungsgeste
O Handstellung als Fetisch

➜ Was versteht man unter einer **Backhand**?

O rasierter Handrücken
O Kuchen in Handform
O Backhandschuh
O Spitzname für Bäcker

## Schlagende Verbindung

> Na, du kannst es wohl kaum erwarten
> geschlagen zu werden, was?
> Leider muss ich dir mitteilen, dass dein
> Tennisspiel heute ausfällt.
> Dafür habe ich aber Zeit...

## Annoncen aus der Clubzeitung

- Aufschlagriese sucht Großkopfschläger

- Vermiete großräumigen Hosenstall für ausgiebiges Bälletraining

- Einsamer Wanderpokal sucht zementierten Sockel zum Anlehnen

- Kanonenaufschläger sucht Kugellieferant

- Tausche neu erworbenen Tennisarm gegen gebrauchtes goldenes Händchen

## Tennisschicksale

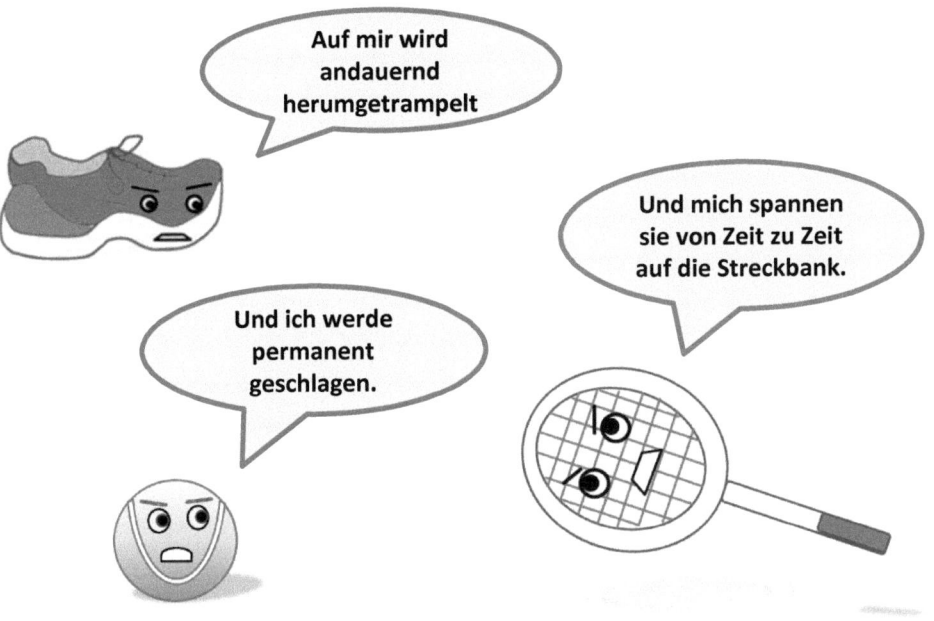

## Werbung

Mit den Wilkonson Schläger *Razor* erwerben sie nicht nur einen modisch schnittigen Schläger, sondern auch eine einfache Möglichkeit zur Erzeugung ihrer schärfsten Schläge, so dass sie z.B. mit ihrem neuen Slice außerdem für eine gründliche Filzrasur des geschlagenen Balles sorgen.

Achtung! Bitte unbedingt auf eine saubere Technikausführung während der Schlagdurchführung achten, da ansonsten Schnitzer im Spiel auftreten können.

# 15. Zehn Anzeichen, dass sie verrückt nach Tennis sind

1. Die Ausrichtung ihrer Wohnung geschieht nicht nach Feng Shui sondern nach der Struktur eines Tennisplatzes

2. Der Handschlag erfolgt nur noch im Western Griff

3. Die Rasenhöhe in ihrem Garten entspricht genau der von Wimbledon

4. Sie genießen das Gefühl, neue Bälle in der Hand zu halten mehr als die von ihrer Frau.

5. Sie kennen alle Spielergebnisse ihres Tennisvereins vom Wochenende auswendig, haben aber keine Ahnung, was gerade in der Welt vorgeht.

6. Sie finden es witzig mal etwas anderes anzuziehen als ihre Sportsachen

7. Sie finden das voll fair, dass ihr/e Partner/in fremdgeht, wenn sie dadurch mehr Freiraum fürs Tennisspielen bekommen.

8. Sie hören bei einem romantischen candle light dinner nur dann ihrem Gegenüber zu, wenn dieser bestimme Schlüsselworte fallen läßt, wie z.B. Matchball, Vorteil oder Fußfehler.

9. In ihrem Navi ist ihr Tennisclub als Heimatadresse hinterlegt

10. Sie kaufen nur noch Stifte in Griffstärke 4

# 16. Das wirklich Allerletzte

**Jobliebe**

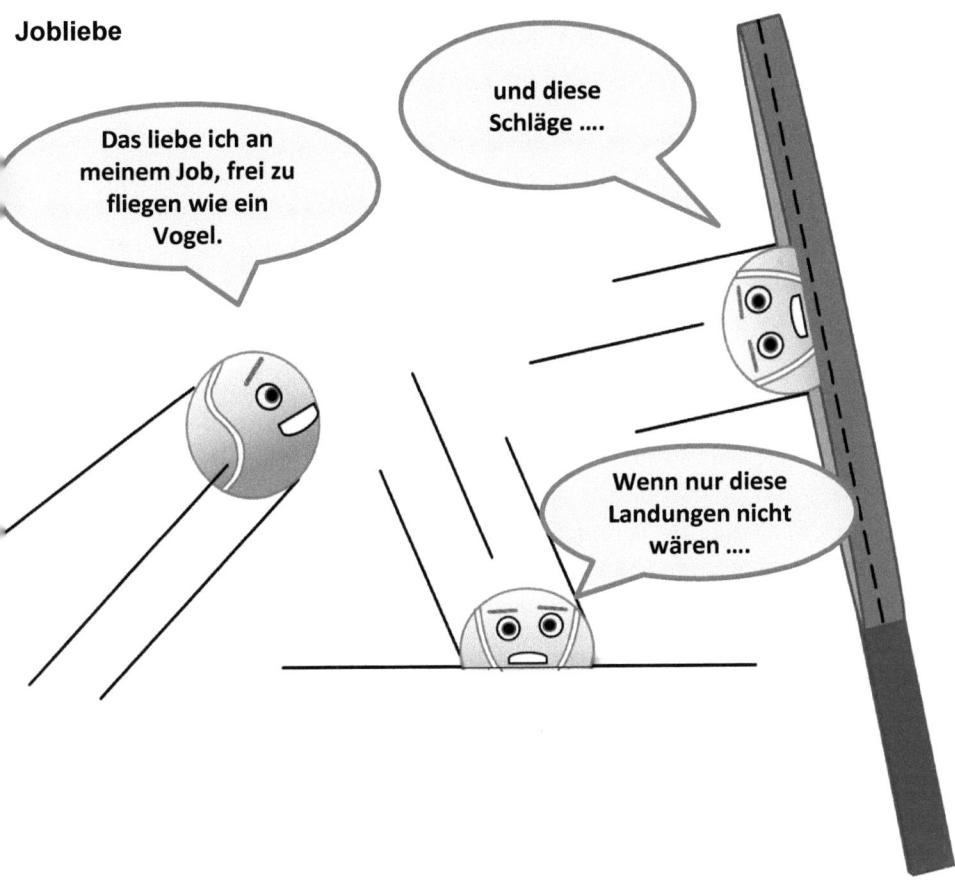

**Wimbledon**
„Hast du schon gehört, mein Schwager ist jetzt schon seit drei Wochen Chairman vom Wimbledon-Turnier." Darauf der andere:
„Toll dann hat er sich ja als Verkäufer aus der Tisch- und Stühleabteilung fachlich weiterentwickelt. Es soll ja auch ganz viele Stühle in Wimbledon geben, das dauert natürlich bis die alle durchgeputzt sind."

## Kultur & Tennis

Zwei Freunde machen einen Kombinationsurlaub ‚Kultur & Tennis' am Mittelmeer. Am Marktplatz im Urlaubsort erhalten sie vom Reiseleiter Instruktionen:

„Sie gehen jetzt diese Straße dort drüben lang, da werden sie auf dem Weg zur Hotelanlage auf einheimische Straßenhändler treffen, die landestypische Waren im Angebot haben und mit denen sie auch feilschen können. Weiter hinten begegnen Ihnen noch einige Straßenmusiker. Am Ende des Weges liegt die Hotelanlage mit den Tennisplätzen auf denen sie heute zwei Stunden kostenlos spielen dürfen."

Die beiden Freunde machen sich gleich auf den Weg und starten ihre Tour die besagte Straße entlang. Bereits nach ein paar Metern gabelt sich diese und da beide abgelenkt sind und sich bewundernd eher die hübschen Häuser mit ihrer üppigen Blumenpracht der Balkone anschauen, laufen sie statt den Weg zur Hotelanlage zu nehmen, den Weg zum Hafen herunter. Nach ein paar Minuten begegnet Ihnen ein Einheimischer der den beiden Uhrimitate und ‚etwas zu rauchen' verkaufen möchte, was beide sofort ablehnen. Daraufhin werden sie wüst beschimpft und bevor der Verkäufer verschwindet, spuckt er auch noch verachtend vor ihnen aus. Etwas geschockt und verwirrt gehen die Freunde weiter die Straße entlang, als sie plötzlich von mehreren Männern mit der Forderung nach Geld in eine dunkle Seitengasse gedrängt werden. Beiden wird ein Messer an die Kehle gehalten und zwar so stark und lebensbedrohlich, dass bereits etwas Blut den Hals der Touristen herunterläuft. Da meint der eine Freund:

„Ich glaube der Reiseleiter hat uns reingelegt, und wenn wir am Hotel sind, müssen wir bestimmt auch noch für die Tennisplätze bezahlen."

**Apfel**

**Luxusliner**

„Also Paul ich muß schon sagen, es ist richtig cool auf dem Luxusliner Tennis zu spielen. Diese leichte frische Brise, der tolle Ausblick und erst der strahlend blaue Himmel, aber eine Sache ist schon lästig, alle paar Minuten die fliegenden Fische aus dem Netz zu puhlen die sich hier im Vorbeiflug immer wieder verfangen."

**Hooligans**

Was ist der Unterschied zwischen Tennis und Hooligans? Bei Hooligans besteht das Aufschlagfeld aus der Fangruppe des anderen Vereins.

**Holzarbeiten**

Wußten sie schon dass Bretter vor dem Kopf nicht nur die Sicht auf das Tennisfeld einschränken, sondern auch Zaungäste provozieren können?

**Advantage**

Wussten sie schon, dass der sogenannte ‚Vorteil' beim Tennis nicht nur den nahenden Spielgewinn bezeichnet, sondern auch wegen der vielen Bewegung gut für die Gesundheit ist?

**Warum heißt es eigentlich Tennis-Zirkus?**

→ Das Zirkuszelt ist die Traglufthalle

→ Den Hau-den-Lukas findet man bei agressiven Spieler, die vor Wut ihre Schläger zerschmettern

→ Die Sensationsssschreier sind die verzweifelte Trainer die ihre lernresistenten Schüler in unmenschlicher Lautstärke anbrüllen

→ Artistisches Hindernisrennen mit Salto vollführen Schüler auf der Flucht vor dem wütenden Trainer, auch schon mal per Salto über das Netz

→ Hammerwerfen durch unkontrollierte Wutausbrüche von Aufschlagriesen, die ihre Schläger in die Weite schleudern.

**Absprung**

**Blind Date**
Zwei Zuschauer eines Tennismatches unterhalten sich, sagt der eine: „Ich glaube der linke Spieler verwechselt das Spiel mit einem blind date." Fragt der andere:   „Wieso?" Darauf wieder der andere; „Na weil der wie mit Tomaten auf den Augen spielt."

**Mutter**

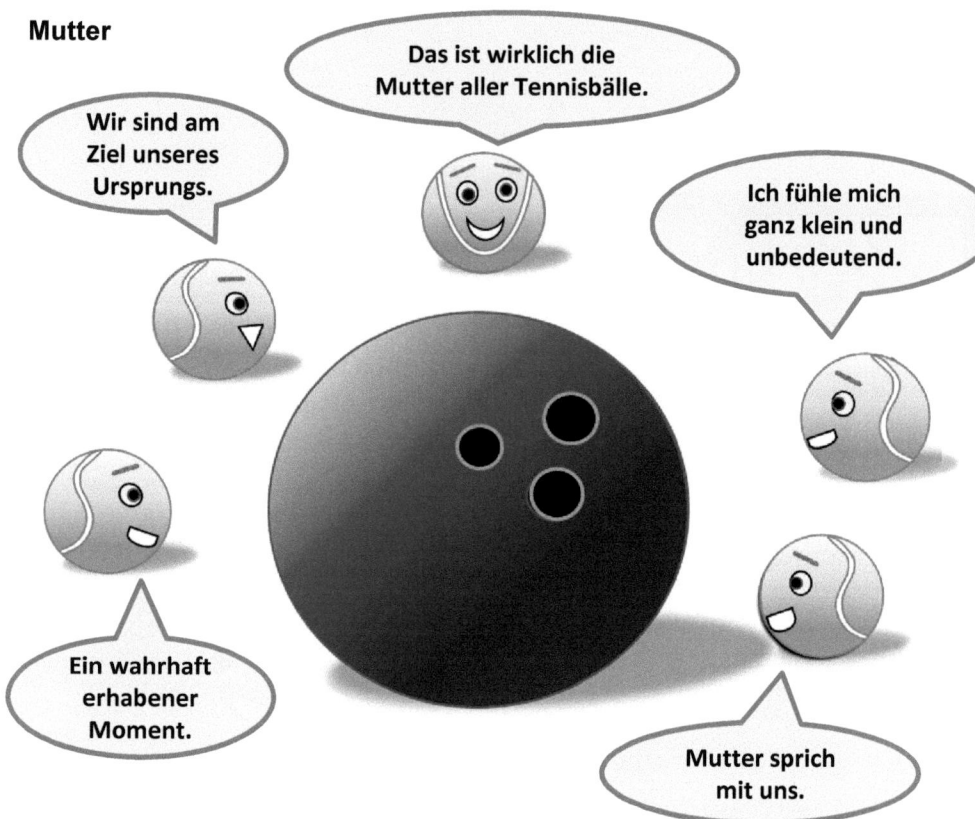

### In der Wildnis

Zwei Tennisprofis machen eine Turniertour quer durch Südamerika. Um Geld zu sparen, übernachten beide im Zelt, diesmal nahe an einem Urwald. Plötzlich hört einer der beiden ein verdächtiges Geräusch und schlüpft bewaffnet mit seinem Tennisschläger nach draußen, um nach dem Rechten zu sehen. Nach kurzer Zeit hört man immer wieder in sehr kurzen Abständen ein ‚Plop' und anschließendes Löwengebrüll. Besorgt schaut der andere Tennisprofi aus dem kleinen Fenster nach draußen und sieht seinen Kumpel Tennisbälle gegen den Kopf eines Löwen schlagen der sich nur einige Meter entfernt von ihm befindet.

Da bemerkt er, dass sein mutiger Tenniskollege nur noch drei Bälle Munition übrig hat. Aufgeregt ruft er seinem Partner zu: „Peter paß auf du hast nur noch drei Bälle." Darauf der andere: "Kein Problem es steht bereits 30:15, noch ein Punkt dann habe ich Matchball.

**Filzmantel**

## Aktuelle Umfrage

‚Benötigen Tennisvereine mehr IT Fachexperten?'

Nein: 0%

Ja: 0

1.   If Ja <101 then Ja = Ja +1

2.   If Ja <101 then Print ‚Ja:'Ja'%'; Goto 1.

3.   end

Ja: 1%

Ja: 2%

Ja: 3%

Ja: 4%

.....

Wie uns die Umfrageergebnisse eindeutig zeigen, erfreuen sich die IT Fachleute im Tennisbereich einer wachsenden Beliebtheit.


## Pool

„Also, ich bin gegen den Bau eines Pools auf unserer Anlage zur Abkühlung an heißen Sommertagen. So wie der Platzwart die Plätze wässert reicht das allemal für eine Schlammschlacht."

**Bälletransport**

## Wie der Volley entstand

Wussten sie schon, dass die Volleytechnik bereits im 18.Jahrhundert in einer typischen Berliner Kneipe entstanden ist? Dort arbeitete ein sportlicher Gastwirt, der sich bei starken Betrieb zur Zeitersparnis die leeren Bierkrüge hat von den Gästen zuwerfen lassen, wobei die schon etwas angetrunkenen Gäste dies in der Regel mit einem „Voll eyh" begleitet hatten. Die erstaunliche Fangtechnik des Gastwirtes sprach sich herum und fand schließlich so auch ihren Weg ins Tennis.

**Umwelt**

Bitte daran denken:
Nicht mehr gebrauchte ebooks bitte fachgerecht entsorgen!

**Alles im Eimer**

**Bücher** von Theo von Taane:

„Tennis Witze Knallbonbons"
*ISBN:* **9783735794765**

„Je öfter man drückt, desto schneller  kommt der Fahrstuhl!"
*ISBN:* **9783735785794**

**ebook Spiele** von Theo von Taane:

„Schnappt Ede!"
Für 2 - 4 Spieler; Alter: 6 – 99 Jahre
*ISBN:* **9783734721748**

„Die spannende Geschenkejagd!"
Für 2 – 4 Spieler; Alter: 6 – 99 Jahre
*ISBN:* **9783734721755**

„Das Kuck-Kuck Spiel !"
Alter : 0 – 3 Jahre
*ISBN:* **9783734723827**